Bienvenue à Varsovie

Tour du château royal, dans la Vieille Ville.
artzmey/iStock

Arriver à Varsovie

EN AVION

Aéroport Frédéric-Chopin (Port Lotniczy im. Fryderyka Chopina) – À 10 km au sud-ouest du centre-ville - Ul. Żwirki i Wigury 1 - ✆ 22 650 42 20 - www.lotnisko-chopina.pl. Accueille la plupart des vols, dont ceux de Wizzair.

Aéroport de Varsovie-Modlin – À 35 km au nord-ouest du centre-ville - Ul. Gen. Wiktora Thommee 1A - ✆ 22 315 18 80 - http://modlinairport.pl. Accueille la compagnie Ryanair.

Depuis l'aéroport Frédéric-Chopin

Bus – De 5h à 23h - durée 25mn - tickets au bureau ZTM, dans les kiosques à journaux, dans les distributeurs automatiques - 4,40 PLN. Le n°175 dessert le centre, la gare centrale, la Voie Royale et la Vieille Ville. Le n°188 rejoint Praga. Le n°32 circule de nuit depuis la gare centrale.

Train – De 6h à 23h - Durée 25mn - 4,40 PLN. Arrêt Warszawa Srodmiescie ou Warsawa Centralna dans le centre-ville.

Taxi – Durée 20-30mn - 50/70 PLN pour le centre-ville. Refusez les taxis proposant leurs services dans l'enceinte de l'aéroport ; ils sont irréguliers, chers et non assurés.

Depuis l'aéroport Modlin

Train – www.mazowieckie.com.pl - durée 1h - 15 PLN (avec la navette pour rejoindre la gare) - Liaisons jusqu'à l'aéroport Frédéric-Chopin, *via* la gare centrale de Varsovie.

Modlinbus – www.modlinbus.com - fréquence selon les arrivées - durée 40mn - à partir de 9 PLN. Liaisons vers le palais de la Culture et des Sciences.

Taxi – Durée 35-40mn - 120/200 PLN.

EN TRAIN

Gare centrale (Dworzec PKP Warszawa Centralna) – Al. Jerozolimskie 54 (accès par les passages souterrains de l'avenue) - ✆ 22 474 50 19. Près du palais de la Culture et des Sciences.

EN BUS

Gare routière de l'Ouest (Dworzec PKS Warszawa Zachodnia) – Al. Jerozolimskie 144. Bus n°127 et n°158 pour rejoindre le centre-ville.

Transports en commun

***ZTM** – www.ztm.waw.pl. Tramways, bus et métro. **Tarifs** – ticket à l'unité (bilet jednorazowy : 4,40 PLN), valable 75mn ; ticket 24h (bilet dobowy : 15 PLN) ou 72h (bilet 3 : 57 PLN), valable à compter du compostage, dans tous les transports ; ticket week-end (bilet weekendowy : 24 PLN), du vend. 19h au lun. 8h, dans tous les transports.*

Voir aussi p. 97.

Le pont Świętokrzyski sur la Vistule.
marchello74/iStock

Les immanquables

notre sélection des plus beaux sites

La place du Marché de la Vieille Ville ★★ Plan C3 - p. 19

Le palais de la Culture et des Sciences ★★★
Plan C5 - p. 34

Le palais Łazienki ★★ et son parc ★★
Plan F7 - p. 50

Le musée d'Histoire des Juifs polonais-POLIN ★★★
Plan A3 - p. 43

Le musée de Varsovie ★★
Plan C3 - p. 20

Le palais de Wilanów ★★
p. 54

La Voie Royale ★★
Plan CD3-5 - p. 25

***La Bataille de Grunwald* de Jan Matejko (1878) au Musée national ★★★**
Plan D5 - p. 30

Nos coups de cœur

Passer de la Vieille Ville à la Nouvelle Ville en se promenant sur les remparts en brique jusqu'à la Barbacane. Ne manquez pas en contrebas la statue de Wars et Sawa, les deux amants qui seraient à l'origine du nom de la ville. *Voir p. 21.*

Arrêter le temps à Mariensztat. Avec ses rues pavées, ses places et son atmosphère de village, ce petit quartier peu connu et plein de charme est un havre de paix au cœur même de la ville. *Voir p. 33.*

Anna Bryukhanova/iStock

Dans les rues de la Vieille Ville.

Assister à un concert de musique classique dans le superbe parc Łazienki. Les plus grands musiciens internationaux s'y donnent rendez-vous aux beaux jours. *Voir p. 50.*

Apprécier un exemple réussi d'architecture socialiste, autour de la place de la Constitution. De remarquables bas-reliefs et groupes sculptés à la gloire des « masses révolutionnaires » ornent les bâtiments grandioses de la rue Marszałkowska. *Voir p. 40.*

Rendre hommage à Frédéric Chopin dans l'église Sainte-Croix. Si le corps du musicien romantique est enterré à Paris, son cœur est encastré dans l'un des piliers de cet édifice baroque. *Voir p. 28.*

Savourer un succulent beignet à la confiture de rose chez Blikle, dont c'est la spécialité. Ou se réchauffer avec un bon chocolat chaud chez Wedel, un chocolatier réputé qui sert aussi de délicieuses pâtisseries dans un lieu au décor désuet. *Voir p. 72.*

Admirer les incroyables armures exposées au musée de l'Armée polonaise. La collection, qui court de la période médiévale à la fin de la Seconde Guerre mondiale, est étonnante et très bien mise en scène. *Voir p. 31.*

L. Davilla/age fotostock

Concert de musique classique dans le parc Łazienki.

Se recueillir sur le Chemin du Souvenir du Martyre et du Combat des Juifs. Il est émaillé de divers monuments qui rappellent les épreuves traversées par les Juifs de Varsovie pendant le dernier conflit mondial. *Voir p. 44.*

Découvrir une tradition polonaise peu connue : les portraits funéraires, peintures que l'on posait sur les cercueils pendant les obsèques, dont le palais de Wilanów possède une belle collection. Les jardins de cette villa de style baroque, ancienne résidence d'été du roi Jean III Sobieski, ne manquent pas non plus d'intérêt. *Voir p. 54.*

Profiter d'un bon bain de soleil... et d'une balade au bord de l'eau en flânant sur les rives aménagées de la Vistule où, en été, des plages sont accessibles sans qu'il soit toutefois possible de se baigner. Voir p. 33.

Prendre de la hauteur au palais de la Culture et des Sciences. Ce « cadeau de la nation soviétique » est devenu un emblème de Varsovie. On peut y nager, voir un film, une pièce de théâtre ou une exposition, et profiter de la vue depuis la terrasse panoramique du 30e étage. *Voir p. 34.*

Varsovie en 3 jours

JOUR 1

▶ *Matin*
Découvrez le centre ancien, en commençant par la **Vieille Ville★★** *(p. 14)*, reconstruite avec une grande fidélité après la Seconde Guerre mondiale. Flânez dans les ruelles et admirez la splendide **place du Marché★★** *(p. 19)* Ne manquez pas le passionnant **musée de Varsovie ★★** *(p. 20)*.

▶ *Midi*
Poursuivez dans le quartier voisin de la **Nouvelle Ville★** *(p. 22)*, très ancien en dépit de son nom. Moins touristique que le précédent, il possède aussi une agréable place du Marché, idéale pour déjeuner au calme.

▶ *Après-midi*
Depuis le **château royal★** *(p. 14)*, que vous pourrez visiter, empruntez la **Voie Royale★★** *(p. 25)* pour une longue promenade qui vous conduira jusqu'au **palais de Wilanów★★** *(p. 54)*.

▶ *Soirée*
Direction la **rue Mokotowska** *(p. 40)* pour dîner dans un restaurant branché du quartier, avant d'aller prendre un verre dans l'un des cafés de la **place Zbawiciela** *(p. 40 et p. 77)*, très tendance, qui abrite aussi de nombreux clubs.

JOUR 2

▶ *Matin*
Débutez la journée par une visite au **palais de la Culture et des Sciences★★★** *(p. 34)* et sa terrasse panoramique, qui offre une belle vue d'ensemble de la ville. Rejoignez la rue Jerozolimskie et le **Fotoplastikon★** *(p. 36)*, pour une expérience très originale.

▶ *Midi*
Faites une pause dans un « bar à lait », comme le célèbre **Bambino** *(p. 66)*, pour un déjeuner simple mais copieux.

▶ *Après-midi*
Visitez le superbe **musée d'Histoire des Juifs polonais-POLIN★★★** *(p. 43)*. Puis, si vous avez encore du temps, suivez le circuit du **« Chemin du souvenir du Martyre et du Combat des Juifs »★★** *(p. 44)*.

▶ *Soirée*
Profitez d'un spectacle classique à la **Philarmonie nationale ou** à l'**opéra** *(p. 78)*, qui programment

Jours 4 et 5

*Profitez du charme bucolique du **parc Łazienki★★** (p. 50), et visitez les musée et palais du même nom. Puis, rendez-vous au très émouvant **musée de l'Insurrection de Varsovie★★** (p. 48), événement trop souvent confondu avec l'insurrection du ghetto. Les admirateurs de Chopin se rendront au **musée Frédéric-Chopin★** (p. 28) avant de poursuivre leur pèlerinage jusqu'à sa **maison natale★**, à **Żelazowa Wola** (p. 61), à 50 km de Varsovie.*

L. Vallecillos/age fotostock

Passerelle Père Ojca Bernatka, par l'architecte Andrzej Getter.

régulièrement Chopin (p. 118), ou encore dans l'une des nombreuses églises à donner des *concerts*, comme celle de **Sainte-Croix**★ *(p. 28)*.

JOUR 3

▶ ***Matin***

Le **musée National**★★★ *(p. 30)* a de quoi occuper votre matinée. Admirez l'art nubien de la période chrétienne dans l'exceptionnelle **galerie Faras**, ainsi que les collections d'art médiéval et d'art polonais.

▶ ***Midi***

Longez les berges aménagées de la **Vistule**★ *(p. 33)*, particulièrement agréables à la belle saison, et ponctuées de cafés et restaurants.

▶ ***Après-midi***

Traversez le fleuve et explorez **Praga** *(p. 58)*, l'un des rares quartiers à ne pas avoir été détruit lors de la Seconde Guerre mondiale. Profitez de l'atmosphère, populaire et arty ; arrêtez-vous par exemple à l'amusant **musée des Néons**★ *(p. 60)*.

▶ ***Soirée***

Si vous aimez le jazz, grande passion polonaise, rendez-vous dans l'un des clubs de Varsovie *(p. 40)* ou assistez à un spectacle dans le dernier théâtre yiddish d'Europe *(p. 78)*. À moins que vous ne préfériez profiter d'une des nombreuses adresses qui revisitent avec talent la cuisine polonaise.

Visiter Varsovie

La fontaine de la Petite Sirène, sur la place du Marché de la Vieille Ville.
espiegle/iStock

Varsovie aujourd'hui

Varsovie est une cité dont l'existence tient un peu du miracle. Elle est surprenante, désordonnée et, il faut bien le reconnaître, pas nécessairement harmonieuse. Mais elle se révèle au promeneur attentif qui sait lire entre les lignes et apprécier sa richesse.

Varsovie n'a pas toujours bonne réputation. « C'est une ville grise, triste, sans âme... » disent souvent ceux qui ne la connaissent pas, contribuant à diffuser une image qui a la vie dure. Grise et triste, elle l'a été comme la plupart des capitales qui ont vécu à l'heure communiste, au temps des restrictions et des loisirs codifiés. Quant à son âme, elle l'aurait perdue à l'issue de la Seconde Guerre mondiale qui a laissé un champ de ruines, là où se dressait en 1939 une pimpante métropole. La capitale de la Pologne est en effet une **ville reconstruite**, avec ce que cela sous-entend de choix critiquables, de maladresses, d'erreurs. Mais celui qui la visite aujourd'hui aurait tort de se laisser influencer par les clichés.

La double vie de Varsovie

Malgré son passé tumultueux, Varsovie est bien ancrée dans le présent et la **modernité**. Centres commerciaux, cinémas multiplexes, gratte-ciel de verre et d'acier et autres constructions ont poussé dans une métropole devenue l'un des centres d'affaires les plus prospères de l'ancien bloc de l'Est, un pôle universitaire de premier plan, une capitale cosmopolite et animée qui compte restaurants réputés et clubs branchés. Un peu partout cependant, apparaissent des évocations de la Varsovie d'hier, celle d'avant la guerre, ou celle de la ville en ruines de la seconde moitié des années 1940. Ses habitants aiment à l'évoquer, faisant généralement l'impasse sur la période où le pays s'est retrouvé, par un de ces tragiques accidents de l'histoire, derrière le rideau de fer. L'esprit de cette Varsovie mythique plane indiscutablement sur celle d'aujourd'hui, et les deux villes ne cessent de se croiser, sans pour autant verser dans la nostalgie.

D'une rive à l'autre

La cité est traversée par la **Vistule** (Wisła), laissée à son état naturel, mais dont les berges sont progressivement aménagées, pour le plus grand bonheur des habitants qui y trouvent un nouveau terrain de jeu. La **rive gauche** a toujours eu la faveur des touristes. On y découvre, au nord, le quartier résidentiel de **Żoliborz** et ses jolies villas du début du 20e s.; plus au sud, la **Nouvelle Ville** et la **Vieille Ville**, symbole de la reconstruction; **Mirów**, **Nowolipki**, **Muranów**, à l'ouest, où subsistent les traces de la présence juive; le Centre, quartier d'affaires organisé autour du **palais de la Culture et des Sciences**, et l'ancien quartier résidentiel de **Mokotów**, très animé par endroits, et, enfin, les grands parcs d'**Ujazdowski**, de **Łazienki** et le palais de **Wilanów**. La rive droite a, en revanche, longtemps été délaissée par les visiteurs de passage mais elle connaît depuis quelques années un regain d'intérêt, grâce à **Praga**. Ce quartier ouvrier est le seul de la ville à ne pas avoir été ravagé pendant la dernière guerre. Il a préservé son authenticité tout en se transformant avec l'installation d'artistes et de créateurs.

Multiples facettes

On l'aura compris : les amateurs d'histoire seront ici comblés. L'**ancienne capitale des ducs de Mazovie**, le cœur brillant du royaume de Pologne à l'époque des Lumières, le symbole d'un pays dépecé, puis martyrisé par l'Allemagne nazie, a beaucoup à offrir en la matière : musées, palais et édifices nobiliaires, églises et fragments de murs du tristement célèbre ghetto. Mais Varsovie est aussi une **ville d'art et de culture**, dont le calendrier est rythmé par les concerts et les festivals en tout genre : classique, bien sûr, dans une cité où Chopin est honoré comme il se doit, mais également jazz, un genre dont les Polonais sont friands.
À la belle saison, il n'est pas rare que ces manifestations se déroulent dans les parcs de la ville. Avec 20 % d'espaces verts, Varsovie est l'une des capitales européennes les plus favorisées en la matière... L'auriez-vous imaginé? Souvent inattendue, la capitale réserve bien des surprises : des mini-quartiers que l'on découvre presque par hasard, comme **Mariensztat**, avec son atmosphère villageoise, ou l'imposant **MDM**, construit dans le style stalinien

querbeet/iStock

Le palais de la Culture et des Sciences, entouré de buildings.

dans les années 1950, qui possède une certaine majesté; des terrasses, partout, y compris dans les endroits les moins convenus, comme le toit de l'université; d'anciens palaces où il fait bon prendre un verre pour retrouver les fastes d'antan; des pâtisseries et salons de thé au charme suranné où les gourmands se donnent rendez-vous; des restaurants novateurs où les adeptes du *slow food* réinventent la cuisine traditionnelle...
Bienvenue à Varsovie : les légendaires Wars et Sawa, qui illustrent l'hospitalité des habitants de la cité à laquelle ils ont donné leur nom, ou la sirène, qui protège la ville, sont les garants d'un séjour placé sous les meilleurs auspices!

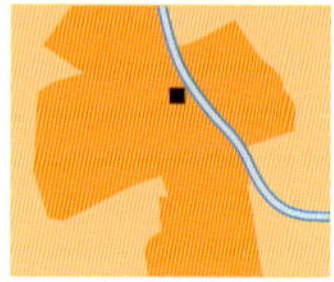

La Vieille Ville★★

La Vieille Ville constitue l'un des plus beaux ensembles architecturaux de Varsovie, mais surtout l'un des plus poignants témoignages de la volonté de la nation polonaise de regagner son honneur bafoué par les ravages de la Seconde Guerre mondiale. Entièrement détruite, elle fut méticuleusement reconstruite selon des reproductions du 18e s., grâce essentiellement aux donations de la diaspora polonaise et à la ténacité d'une main-d'œuvre bénévole. Cette entreprise sans précédent lui a valu d'être classée au Patrimoine mondial de l'Unesco en 1980. Délimitée à l'est par la Vistule (le meilleur point de vue sur la cité se situant à Praga, sur la rive opposée) et à l'ouest par ses remparts, la Vieille Ville se caractérise par une place du Marché centrale (Rynek), autour de laquelle s'organisent des rues en damier, pavées et colorées.

▶**Accès :** En bus, lignes 160 et 190 (arrêt Stare Miasto). En tramway, lignes 4, 13, 18, 20, 23, 26 (arrêt Stare Miasto). La station de métro la plus proche est Ratusz Arsenał sur la ligne M1 mais il faut marcher 15mn pour rejoindre la Vieille Ville.
Plan I p. 16-17. Plan détachable CD3.
▶**Conseil :** Comptez 2h pour la visite du quartier, plus une demi-journée en incluant les musées. La Vieille Ville est entièrement piétonne, il est donc très agréable de s'y promener.

PLACE DU CHÂTEAU

(Plac Zamkowy)

C3 Au milieu de la place trône, du haut de ses 22 m, la **statue en bronze du roi Sigismond III (Kolumna Zygmunta),** élevée en 1644. La légende veut que la statue de celui qui fit de Varsovie la capitale brandisse son sabre en l'air en cas de menace.

CHÂTEAU ROYAL★

(Zamek Królewski)

C3 *Plac Zamkowy 4 - ✆ 22 355 51 70 - www.zamek-krolewski.pl.*

Érigé au 14e s. par les ducs de Mazovie, le château fut remanié dans le style baroque en devenant le siège non seulement des rois de Pologne, mais aussi des députés de la Diète, cette coexistence unique en Europe étant à rattacher au régime de monarchie limitée mis en place aux 17e et 18e s. Cela explique aussi que les rois du pays, simples locataires du château, aient construit leurs propres résidences dans les faubourgs de la ville. À partir de 1918, l'endroit fut occupé par le président de la République.
Après la Seconde Guerre mondiale, les autorités communistes ne se

montrèrent guère favorables à sa reconstruction qui ne fut finalement entreprise qu'en 1971. La réhabilitation de la structure principale et des intérieurs du château s'est achevée en 1988, celle des arcades de Kubicki et du palais du Drap de Fer a eu lieu dans les années 2000.
Si la structure est une réplique, une partie des peintures et du mobilier du château, mis en sûreté dès le début de la guerre, sont d'origine.

Appartements royaux

Mai-sept. : lun.-sam. 10h-18h (jeu. 20h), dim. 11h-18h ; oct.-avr. : mar.-sam. 10h-16h, dim. 11h-16h - 30 PLN, gratuit le dim. en hiver, le merc. en été (toutes les pièces ne sont pas accessibles ce jour-là) - audioguide en français (17 PLN) - visite guidée en français sur RV (110 PLN) - visite du cabinet numismatique sur RV (7 PLN). Comptez 1h30. Dans le cadre de ce circuit, on visite les parties principales du château, dont la **Chambre des députés**, où fut adoptée la Constitution du 3 mai 1791, les **grands appartements**, avec notamment la salle du trône, les **appartements du roi**, dont la salle dite « Canaletto » (neveu du célèbre peintre des vues de Venise), la chapelle royale (une urne contient le cœur du héros national Kościuszko), ainsi que la somptueuse salle de bal où la haute société polonaise venait valser sous l'envoûtante

querbeet/iStock

Sur la place du Marché de la Vieille Ville.

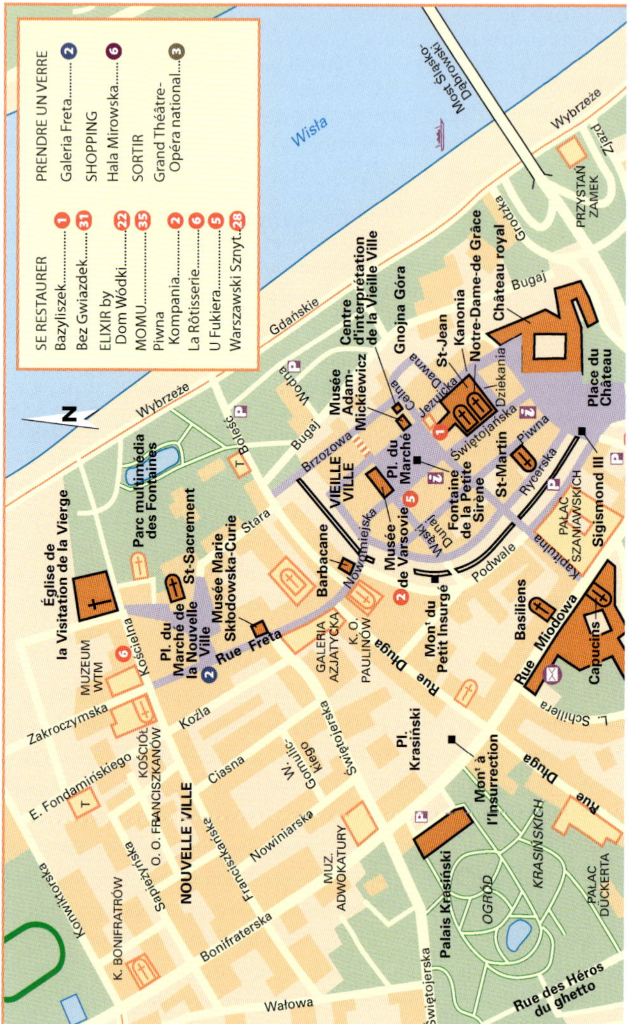
SE RESTAURER
Bazyliszek 1
Bez Gwiazdek 31
ELIXIR by Dom Wódki 22
MOMU 35
Piwna Kompania 2
La Rôtisserie 6
U Fukiera 5
Warszawski Sznyt 28
PRENDRE UN VERRE
Galeria Freta 2
SHOPPING
Hala Mirowska 6
SORTIR
Grand Théâtre-Opéra national 3
Wisła
Most Śląsko-Dąbrowski
Wybrzeże Gdańskie
Parc multimédia des Fontaines
Église de la Visitation de la Vierge
St-Sacrement
Musée Marie Skłodowska-Curie
Pl. du Marché de la Nouvelle Ville
Rue Freta
NOUVELLE VILLE
VIEILLE VILLE
Barbacane
Musée de Varsovie
Pl. du Marché
Fontaine de la Petite Sirène
Musée Adam-Mickiewicz
Centre d'interprétation de la Vieille Ville
Gnojna Góra
St-Jean
Kanonia
Notre-Dame-de Grâce
Château royal
Place du Château
St-Martin
Sigismond III
Basiliens
Capucins
Rue Miodowa
Mont du Petit Insurgé
Pl. Krasiński
Mont à l'Insurrection
Palais Krasiński
Rue Długa
Rue des Héros du ghetto
KRASIŃSKICH OGRÓD
PAŁAC DÜCKERTA
PAŁAC SZANIAWSKICH
PRZYSTAN ZAMEK
MUZEUM WTM
KOŚCIÓŁ O. O. FRANCISZKANÓW
K. BONIFRATRÓW
MUZ. ADWOKATURY
GALERIA AZJATYCKA
K. O. PAULINÓW
Zakroczymska
Kościelna
Koźla
Ciasna
E. Fondamińskiego
Sapieżyńska
Franciszkańska
Nowiniarska
Bonifraterska
Konwiktorska
Wałowa
Świętojerska
Stara
Bolesć
Bugaj
Brzozowa
Wodna
Celna
Dawna
Jezuicka
Dziekania
Świętojańska
Piwna
Rycerska
Kapitulna
Podwale
Wąski Dunaj
Nowomiejska
Grodzka
Zjazd
L. Schillera

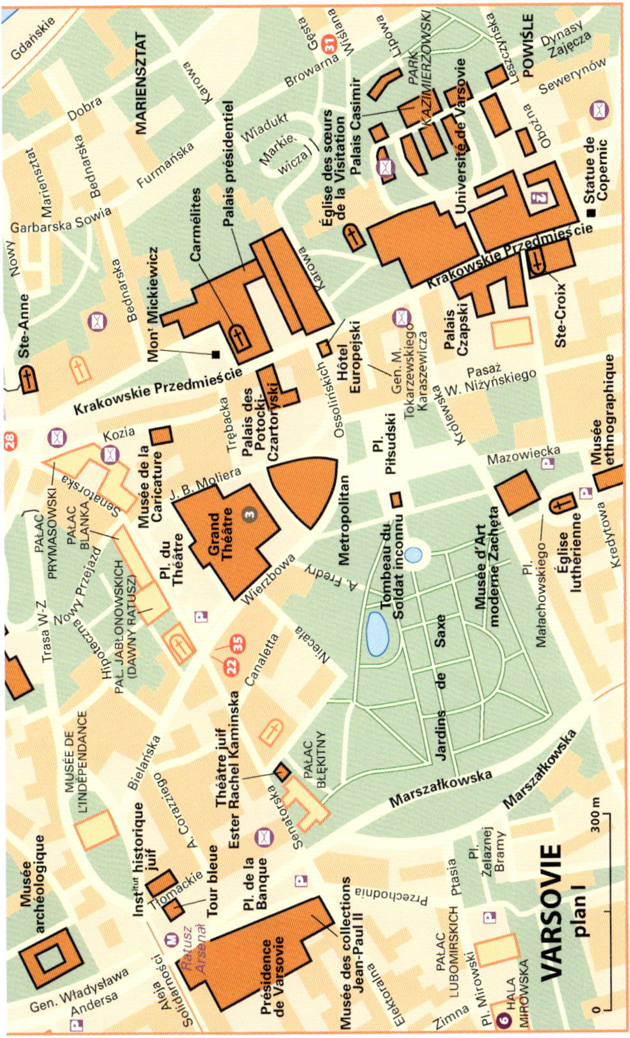
VARSOVIE
plan I
0
300 m
Gdańskie
MARIENSZTAT
Mariensztat
Dobra
Bednarska
Garbarska Sowia
Furmańska
Karowa
Browarna
Gęsta
Wiślana
Wiadukt
Markie-
wicza
Lipowa
PARK KAZIMIERZOWSKI
Leszczyńska
POWIŚLE
Dynasy
Zajęcza
Sewerynów
Oboźna
Palais Casimir
Université de Varsovie
Statue de Copernic
Église des sœurs de la Visitation
Palais présidentiel
Carmélites
Mont Mickiewicz
Ste-Anne
Nowy
Krakowskie Przedmieście
Ste-Croix
Palais Czapski
Hôtel Europejski
Ossolińskich
Gen. M. Tokarzewskiego Karaszewicza
Pasaż W. Niżyńskiego
Królewska
Mazowiecka
Musée ethnographique
Kredytowa
Église luthérienne
Pl. Małachowskiego
Musée d'Art moderne Zachęta
Palais des Potocki-Czartoryski
Trębacka
Kozia
Musée de la Caricature
J. B. Moliera
Senatorska
PAŁAC PRYMASOWSKI
PAŁAC BLANKA
Pl. Piłsudski
Metropolitan
Tombeau du Soldat inconnu
Grand Théâtre
Pl. du Théâtre
Wierzbowa
A. Fredry
Jardins de Saxe
Trasa W-Z
Nowy Przejazd
Hipoteczna
PAŁ. JABŁONOWSKICH (DAWNY RATUSZ)
Canaletta
Niecała
MUSÉE DE L'INDÉPENDANCE
Bielańska
A. Corazziego
Théâtre juif Ester Rachel Kaminska
PAŁAC BŁĘKITNY
Marszałkowska
Musée archéologique
Institut historique juif
Tour bleue
Tłomackie
Pl. de la Banque
Przechodnia
Ptasia
Pl. Żelaznej Bramy
Présidence de Varsovie
Musée des collections Jean-Paul II
Ratusz Arsenał
Aleja Solidarności
Gen. Władysława Andersa
Elektoralna
PAŁAC LUBOMIRSKICH
Zimna
Pl. Mirowski
HALA MIROWSKA
28
31
3
22
35
6

La sirène de Varsovie
Il était une fois deux sœurs sirènes qui vivaient sur les bords de la Baltique. Un jour, elles se perdirent en nageant ; la première, qui s'échoua dans les détroits danois, trône aujourd'hui à l'entrée du port de Copenhague. La seconde descendit la Vistule et rencontra en chemin deux amants, Wars et Sawa, auxquels elle demanda de fonder la ville et de lui donner leurs deux prénoms réunis. Promettant de rester et de secourir les habitants de Varsovie chaque fois qu'ils seraient en danger, la petite sirène, armée d'une épée et d'un bouclier, est devenue l'emblème de la ville.

fresque allégorique de Bacciarelli, *La Dissolution du chaos*.

Collection Lanckoroński (Galeria Lanckorońskich)
Mai-sept. : lun.-sam. 10h-18h (vend. 20h), dim. 11h-18h ; oct.-avr. : mar.-sam. 10h-17h, dim. 11h-17h - 21 PLN, gratuit le dim. en hiver, le merc. en été. L'exceptionnelle collection de peintures européennes (16e-18e s.), cédée par la comtesse Karolina Lanckorońska en 1994, compte notamment deux tableaux de Rembrandt – *Savant à son pupitre* et *La Fille dans un cadre* –, tous deux issus de la collection du roi Stanislas Auguste Poniatowski. Huit salles forment la **Galerie de peintures, de sculptures et d'arts décoratifs**.

Palais du Drap de Fer (Pałac pod Blachą)
Mêmes horaires que la collection Lanckoroński en été ; en hiver : mar.-sam. 10h-17h, dim. 11h-17h - 14 PLN, gratuit le dim. en hiver, le merc. en été. Attenant au château, il abrite la superbe **collection de tapis orientaux** de la Fondation Teresa-Sahakiam *(rez-de-chaussée)* et les **appartements du prince Józef Poniatowski** *(1er étage)*.

Arcades de Kubicki (Arkady Kubickiego)
Accès indépendant, dans la cour intérieure - mêmes horaires que les appartements royaux - gratuit. Construites par Jakub Kubicki en 1827 pour supporter la terrasse située sur la partie arrière du château, les arcades servirent tour à tour d'écuries, de casernes, de garages et d'entrepôt. Relativement épargnées au cours de la Seconde Guerre mondiale, elles ne furent pourtant rénovées que tardivement ; elles accueillent désormais une petite exposition archéologique.

ÉGLISE SAINT-MARTIN★

(Kościół Św. Marcina)

Ul. Piwna 9-11.

Édifice gothique du 14e s. à l'intérieur baroque, cette église est appréciée des jeunes mariés qui, après la cérémonie religieuse, reçoivent les félicitations dans sa cour intérieure en arcades. Après la Seconde Guerre mondiale, l'intérieur fut réaménagé de manière moderne, comme en témoignent notamment les vitraux. Il fait bon flâner dans l'agréable rue Piwna, bordée de bijouteries, de bouquinistes et d'antiquaires.

CATHÉDRALE SAINT-JEAN★

(Katedra Św. Jana)
C3 *Ul. Świętojańska 8.*
C'est le principal et le plus ancien lieu de culte de la ville. Construite au début du 14e s. dans le style gothique, la cathédrale abrite les tombeaux Renaissance des derniers princes mazoviens et un crucifix datant du 16e s. Sa crypte renferme les corps de Polonais célèbres, tels l'écrivain Henryk Sienkiewicz, le premier président polonais Gabriel Narutowicz, le primat de Pologne Wyszyński, ou le pianiste Ignacy Paderewski.

AUTOUR DE LA CATHÉDRALE

La **rue Dziekania** débouche sur la **rue Kanonia** et sa coquette place en triangle bordée des anciennes **maisons des chanoines** du chapitre de Varsovie. Au milieu de la place trône une **cloche** en airain datant de 1646, endommagée durant sa construction même.
À droite au début de la **rue Jezuicka**, un étonnant petit passage conduit à une terrasse au sommet d'une colline d'où l'on peut contempler le cours de la Vistule. Le nom de la colline, **Gnojna Góra** (la « colline du fumier »), rappelle qu'elle servait de dépotoir à la ville et au château, mais aussi de lieu de cure pour les personnes atteintes de la syphilis, qui se faisaient enterrer jusqu'au cou dans les ordures.

CENTRE D'INTERPRÉTATION DE LA VIEILLE VILLE

(Centrum Interpretacji Zabytku)
Ul. Brzozowa 11/13 - ✆ 22 635 34 02 - http://ciz.muzeumwarszawy.pl - tlj sf lun. 10h-19h - 2 PLN.
Cette branche du Musée historique de Varsovie propose une exposition intitulée « Destruction et reconstruction de la Vieille Ville », qui permet d'appréhender, à travers photographies et vidéos, l'ampleur du chantier qui s'engagea après la Seconde Guerre mondiale et qui favorisa l'inscription de la Vieille Ville au Patrimoine mondial de l'Unesco.

PLACE DU MARCHÉ DE LA VIEILLE VILLE★★

(Rynek Starego Miasta/RSM)
C3 Bordé de maisons colorées d'inspiration Renaissance et baroque, aux étages drôlement empilés, le Rynek fut véritablement, jusqu'au milieu du 19e s., le poumon

Le prince Ours

À gauche de l'entrée de l'église Notre-Dame-de-Grâce (Plan I, p. 16-17 - Sanktuarium Matki Bożej Łaskawej Patronki Warszawy), attenante à la cathédrale, se trouve la statue d'un ours allongé, datant du 18e s. La légende dit que l'animal est en fait un duc de Mazovie qui subit un choc si violent en voyant la femme qu'il aimait sortir de l'église, mariée à un autre, qu'il en resta pétrifié. N'hésitez donc pas à caresser l'animal pour adoucir sa peine.

administratif, commerçant et culturel de Varsovie, hébergeant aussi bien les foires et les festivités que les exécutions publiques. S'y concentrent aujourd'hui de très bons restaurants traditionnels, et il est agréable aux beaux jours de faire une pause à l'une de ses nombreuses terrasses.
Au centre de la place se trouve une copie de la **fontaine de la Petite Sirène★ (Syrenka),** emblème de la ville, dont la sculpture en zinc, fondue en 1855, est située dans la cour du musée de Varsovie.

MUSÉE DE LA LITTÉRATURE ADAM-MICKIEWICZ

(Muzeum Literatury im. Adama Mickiewicza)

RSM 20 - ✆ 22 831 40 61 - http://muzeumliteratury.pl - lun., mar. et vend. 10h-16h, merc.-jeu. 11h-18h, dim. 11h-17h - fermé dernier dim. du mois - 6 PLN, gratuit le dim.
Essentiellement consacré à l'écrivain romantique culte du 19e s. Adam Mickiewicz (1798-1855), auteur de *Pan Tadeusz*, joyau de la littérature nationale, ce musée accueille par ailleurs des expositions temporaires très intéressantes sur la littérature polonaise du 18e au 20e s.

MUSÉE DE VARSOVIE★★

(Muzeum Warszawy)

C3 *RSM 28-42 - ✆ 22 596 67 00 -http://muzeumwarszawy.pl - tlj sf lun. 10h-19h - 20 PLN, audioguide inclus, gratuit le jeu. Belle librairie et boutique.*

Réouvert à la visite après plusieurs années de travaux, cet établissement, qui a pour origine un musée consacré à l'histoire de la ville inauguré en 1936, comprend onze bâtiments, dont huit occupent la façade nord du Rynek. Modèle du genre, il met en œuvre une muséographie novatrice qui donne l'occasion au visiteur de progresser à son rythme, de se perdre ou d'aller plus loin dans l'exploration d'un domaine. L'histoire de la ville y est retracée non pas de manière chronologique mais à travers les objets qui ont fait son quotidien et les personnages, son histoire. Le cœur des collections, « Choses de Varsovie », présente sur six niveaux - dont le dédale permet au passage d'admirer les incroyables édifices anciens qui servent de cadre au musée - plus de 7000 objets répartis dans des salles thématiques (souvenirs, cartes postales, détails architecturaux, bronzes, objets patriotiques...). Débutez la visite au niveau -1 pour découvrir à travers des graphiques, schémas et cartes clairs et didactiques des données essentielles sur Varsovie : ses limites et sa place dans un pays aux frontières mouvantes, la composition de sa population, l'évolution du paysage urbain au fil des siècles...
Au dernier étage, une petite tour dévoile une vue panoramique sur les toits de la ville. Enfin, ne manquez pas l'excellent film qui retrace la reconstruction de la cité après la Seconde Guerre mondiale (20mn) : vous n'en apprécierez que mieux votre séjour à Varsovie!

M. Rellini/Sime/Photononstop

Sur les remparts de la Vieille Ville.

LA PROMENADE DES REMPARTS

La visite de la Vieille Ville ne serait pas complète sans un détour par la rue Podwale où les **remparts** de brique ont également été reconstruits après guerre, les fortifications originales ayant été démantelées au 19e s. Protégeant, sur leur façade nord, la **statue de Wars et Sawa**, les amants fondateurs de la ville, les remparts viennent buter contre la **Barbacane (Barbakan)** : originellement point d'entrée et de défense de la cité, elle abrite aujourd'hui peintres et artistes traditionnels locaux, en même temps qu'elle marque le passage vers la Nouvelle Ville.

Un peu plus au sud, face à la rue Kilińskiego, le **monument du Petit Insurgé (Pomnik Małego Powstańca)** est sans conteste le mémorial le plus poignant de Podwale : casque démesuré sur le crâne et pistolet long rifle à la main, il rend hommage aux enfants morts lors de l'insurrection de Varsovie (p. 48 et 108).

La Nouvelle Ville★

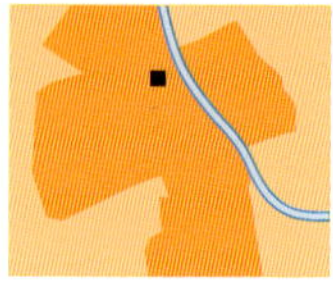

Ce petit quartier élégant, né au 15e s. mais administrativement intégré à Varsovie à la fin du 18e s., se caractérise par son atmosphère paisible. La présence de palais construits au 17e s. y favorisa, pendant l'ère dite de « l'âge d'or » de Varsovie, l'établissement d'une partie de l'aristocratie polonaise.

Accès : À pied depuis la Vieille Ville ou en bus, lignes 116, 178, 180 (arrêt Pl. Krasińskich), ou lignes 118, 185, 385 (arrêt Sanguszki).
Plan I p. 16-17. Plan détachable C2.
Conseils : Il est agréable de se rendre à pied dans la Nouvelle Ville depuis la Vieille Ville. Vous pouvez vous promener sur les remparts jusqu'à la Barbacane, qui servait de point d'entrée de la cité et fait office de frontière entre les deux quartiers. Si le temps le permet, déjeunez en terrasse sur la place du marché, aussi pittoresque que celle du marché de la Vieille Ville, mais plus calme.
La citadelle *(p. 57)* n'est pas très éloignée à pied de la Nouvelle Ville et du parc multimédia des Fontaines ; vous pouvez enchaîner les deux visites.

slowcentury/iStock

Façade du musée Marie Skłodowska-Curie.

RUE FRETA

C2 Le long de la rue Freta s'alignent galeries, cafés et lieux de culte, et il faut passer sous les porches pour découvrir des cours et des parcs lovés à l'arrière des façades. Au **n° 16** se trouve la maison natale de Marie Curie.

MUSÉE MARIE SKŁODOWSKA-CURIE

(Muzeum Marii Skłodowskiej- Curie)
Ul. Freta 5 - ✆ 22 831 80 92 - http://muzeum-msc.pl - juin-août : tlj sf lun. 10h-19h ; sept.-mai : tlj sf lun. 9h-16h30 - 11 PLN, brochure en français gratuite.
Installé dans l'immeuble où la mère de Marie dirigeait un pensionnat de

Marie Curie-Skłodowska (1867-1934)

*Maria Skłodowska naît à Varsovie et entame ses études en suivant des cours clandestins dans la Pologne occupée. En 1891, elle part en France pour y passer son doctorat. Après que **Pierre Curie** lui a fait découvrir un article du physicien Henri Becquerel consacré aux mystérieux rayons émis par l'uranium, Marie Skłodowska se lance dans des recherches sur ce phénomène. Elle est la première femme à soutenir sa thèse à la Sorbonne et à y avoir ensuite sa propre chaire. Diplômée de mathématiques et de physique, elle est la première personne à recevoir deux prix Nobel : celui de **physique** en 1903, conjointement avec son mari Pierre (décédé l'année suivante) et avec Henri Becquerel, pour la **découverte de la radioactivité**, et celui de **chimie** en 1911, pour la **découverte du radium** et du polonium (nommé ainsi en hommage à sa patrie). Elle meurt d'une leucémie due à ce même radium. Ses cendres, avec celles de son mari, ont été transférées au Panthéon en 1995.*

jeunes filles, ce petit musée est dédié à la vie et aux travaux de la célèbre physicienne (document variés, effets personnels...).

PLACE DU MARCHÉ DE LA NOUVELLE VILLE

(Rynek Nowego Miasta/RNM)

C2 La rue Freta débouche sur le Rynek de la Nouvelle Ville, aussi paisible que celui de la Vieille Ville est agité. La place était elle aussi dotée d'un hôtel de ville abattu au 19e s. ; un puits en fer forgé que surplombent Vierge et licorne, emblèmes de la Nouvelle Ville, en marque l'emplacement. Plus loin, deux statues d'ours surveillent les bancs.
Sur le côté est, l'**église baroque du St-Sacrement (Kościół Sakramentek)**, commandée par la reine française Marie Sobieska à Tylman Van Gameren en mémoire de la victoire de son mari sur les troupes turques à Vienne en 1683, abrite la chapelle funéraire des Sobieski. « Marysieńka » avait ramené de France des bénédictines de l'ordre de l'Adoration perpétuelle du Très Saint Sacrement, qui vivent toujours cloîtrées près de l'église.

ÉGLISE DE LA VISITATION DE LA VIERGE

(Kościół Nawiedzenia Najświętszej Marii Panny)

Ul. Przyrynek 2.
Construite au début du 15e s. dans le style gothique, cette église est célèbre pour son clocher de brique rouge qui sert de point de repère depuis l'autre rive de la Vistule. De là s'offre un beau point de vue sur le fleuve.

PARC MULTIMÉDIA DES FONTAINES

(Multimedialny Park Fontan)

Skwer im. I Dywizji Pancernej - www.estrada.com.pl - spectacle « Eau, son et lumière » les vend. et sam. à 21h en mai et sept., à 21h30 de juin à août - gratuit.

L'endroit ne serait pas dénué de charme si une voie rapide, en bordure de la Vistule, ne venait un peu gâcher le tableau. Quoi qu'il en soit, il faut venir ici les soirs de spectacle, quand 367 puissants jets d'eau, éclairés par quelque 300 projecteurs et parcourus d'effets laser, font le show.

PLACE KRASIŃSKI

(Plac Krasińskich)

B3 Au pied du siège de verre de la **Cour suprême (Sąd Najwyższy)**, construit à la place où, pendant la guerre, se trouvait l'une des portes du ghetto juif, s'élance le controversé **monument à l'Insurrection** (Pomnik Powstania Warszawskiego). Élevée en 1989 à l'endroit même d'où l'AK (Armée nationale) lança l'assaut contre les nazis le 1er août 1944, cette imposante sculpture en métal représente les insurgés armés sortant des souterrains pour attaquer les Allemands, puis leur retraite désespérée dans les canalisations.
Le **palais Krasiński** (Pałac Krasińskich), qui héberge les incunables de la Bibliothèque nationale, ferme la place. Dessiné par Tylman Van Gameren à la fin du 18e s., c'est l'un des plus beaux édifices baroques de Varsovie. Il n'est toutefois pas ouvert aux visiteurs, qui peuvent en revanche aller flâner dans le parc à l'arrière du château, lieu de rendez-vous de la bonne société varsovienne au 19e s. *(www.ogrodkrasinskich.pl - avr.-oct. : 5h-0h; nov.-mars : 6h-22h).*

MUSÉE ARCHÉOLOGIQUE

(Państwowe Muzeum Archeologiczne)

B3 *Ul. Długa 52 - ✆ 22 504 48 00 - www.pma.pl - lun.-vend. 9h-16h, dim. 10h-16h - 12 PLN, gratuit le dim.*
Installé dans le bâtiment de l'ancien Arsenal (1643), qui servit un temps de prison (1830-1935) avant d'accueillir les Archives, ce musée rassemble une remarquable collection de matériaux et d'objets mis au jour lors des différents chantiers de fouilles menés dans le pays. Il permet ainsi de retracer l'histoire et la culture des habitants des terres polonaises de la préhistoire au Moyen Âge. À l'étage, une collection s'attarde sur l'**art roman** et l'**art gothique** en Pologne, tandis qu'une salle est consacrée au site archéologique de Biskupin.

RUE MIODOWA★

C3 Cœur du Varsovie aristocratique d'autrefois, la rue Miodowa est longée exclusivement de palais baroques et néoclassiques du 18e s., dont les plus prestigieux sont le **palais Borch** (aux nos 17/19), résidence du primat de l'Église catholique, et le **palais Pac-Radziwiłł** (au no 15), reconnaissable aux moulures de sa porte d'entrée, qui abrite le ministère de la Santé.
Dans cette rue se trouvent enfin l'**église des Basiliens (Cerkiew Bazylianów)**, au no 16, la seule église uniate de Varsovie, et l'**église des Capucins (Kościół Kapucynów)**, au no 13, où repose le cœur de Jean III Sobieski.

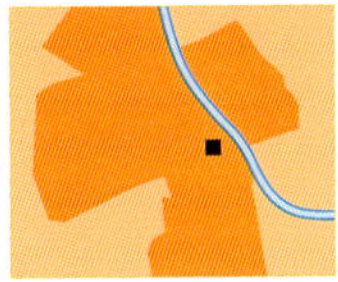

La Voie Royale★★

La Voie Royale (Trakt Królewski), l'itinéraire touristique le plus célèbre de Varsovie, relie les diverses résidences des monarques polonais. Longue d'une dizaine de kilomètres, elle s'étire de la place du Château de la Vieille Ville, résidence principale, jusqu'à la résidence d'été du palais de Wilanów, en passant par le palais de chasse d'Ujazdów et le majestueux parc de Łazienki. Elle se divise en deux parties : le Krakowskie Przedmieście de la place du Château jusqu'à la statue de Copernic et la rue Nowy Świat, qui court vers le sud. Le Voie Royale constitue une promenade très agréable, surtout le week-end, en été lorsqu'elle est interdite aux voitures et qu'elle devient piétonne.

▶**Accès :** En bus, lignes 116, 128, 175, 178, 180, 222, 503, 518 (arrêt Pl. Zamkowy). Pour Nowy Świat, en métro, ligne M2 (station Nowy Świat-Uniwersytet).

***Plans I et II** *p. 16-17 et p. 36-37.* **Plan détachable** *CD3-6.**

▶**Conseil :** Accordez-vous suffisamment de temps pour profiter pleinement du parcours émaillé d'églises, d'édifices grandioses et de jolis parcs, avant de terminer en beauté par le palais de Wilanów *(voir p. 54)*.

ÉGLISE SAINTE-ANNE★

(Kościół Św. Anny)

C3 La rue s'ouvre au n° 68 sur l'église où les princes polonais prêtaient le serment de fidélité au roi. Construite en 1454, elle fut dévastée en 1656 par les Suédois, puis rebâtie dans un style baroque au siècle suivant. Du bâtiment gothique, reste le chœur et la somptueuse « voûte de cristal » du portique du couvent attenant. La Seconde Guerre mondiale n'a pas épargné sa façade, mais le mobilier du 18ᵉ s. est encore visible. Dans le coin nord de la cour, le **clocher** *(*www.taraswidokowy.pl *- mai-sept. : lun.-vend. 10h-21h, w.-end 11h-22h ; oct.-avr. : lun.-vend. 10h-18h, w.-end 11h-18h - 6 PLN)* offre un superbe panorama sur la Vistule et le château.

ÉGLISE DES CARMÉLITES★

(Kościół Karmelitów)

D3 *Ul. Krakowskie Przedmieście 52/54.*

Krakowskie Przedmieście (le faubourg de Cracovie)

Dès 1596, les aristocrates varsoviens se pressent dans cette rue pour y établir leur résidence, à proximité de celle du roi nouvellement installé dans la Vieille Ville. Aujourd'hui, ***Krakowskie Przedmieście*** *est l'une des artères les plus importantes, concentrant la résidence du président de la République, les bâtiments de l'université, ainsi que plusieurs églises historiques et demeures des 17ᵉ et 18ᵉ s.*

Immédiatement après le **monument d'Adam Mickiewicz (Pomnik Adama Mickiewicza)** se dresse, un peu en retrait, cette église, l'un des rares édifices de Varsovie à avoir échappé à la destruction de la ville à la fin de la guerre. Construite au 17e s., c'est au siècle suivant qu'elle se pare d'une façade néoclassique finement sculptée et d'un globe singulier, tandis que l'intérieur baroque abrite un maître-autel monumental de Tylman Van Gameren.

PALAIS DES POTOCKI-CZARTORYSKI

Ul. Krakowskie Przedmieście 17.
Face à l'église, ce palais baroque où Napoléon aurait rencontré Maria Walewska héberge désormais le ministère de la Culture, ainsi qu'une galerie d'art moderne, ART *(✆ 22 828 51 70 - http://galeriaart.pl).*

PALAIS PRÉSIDENTIEL★

(Pałac Prezydencki)
D3-4 *Krakowskie Przedmieście 48/50 - ✆ 22 695 13 23 - fax 22 695 11 09 - www.president.pl - lun.-vend. 9h-15h. Visite possible pour les groupes, se renseigner au préalable en envoyant un courriel : wycieczki@prezydent.pl.*
C'est ici que fut signé en 1955 le pacte de Varsovie et que se tint en 1989 la **Table ronde** entre les autorités communistes et les leaders de Solidarność. Plus grand et plus facile à protéger que le palais du Belvédère, il est devenu l'Élysée polonais en 1994, gardé par les lions de pierre et la statue équestre de Józef Poniatowski.
Passez l'édifice Art déco de l'**hôtel Bristol** et les jardins attenants.

UNIVERSITÉ DE VARSOVIE★

(Uniwersytet Warszawski)
D4 *Ul. Krakowskie Przedmieście 26/28 - ✆ 22 552 00 00.*
Les longs bâtiments de l'université s'étendent sur toute la seconde moitié du Krakowskie Przedmieście. Fondée en 1818, l'université de Varsovie fut fermée par le tsar dès 1832 en signe de représailles à l'insurrection de 1830, et ne fut rouverte qu'en 1915. Sous l'occupation nazie, les études furent interdites, et des milliers de professeurs et d'étudiants clandestins furent assassinés. Comme dans la plupart des grandes villes de Pologne, et notamment à Cracovie, une université clandestine fut mise en place ; cette tradition d'« université volante » perdura tout au long de la période communiste. L'enceinte de l'université *(accès libre)* abrite encore de magnifiques monuments.

★ Palais Casimir (Pałac Kazimierzowski) – *Ul. Krakowskie Przedmieście 26/28 (dans la cour principale du campus).* Il fut d'abord une résidence d'été des rois polonais avant d'abriter la célèbre école militaire d´où sortit entre autres Tadeusz Kościuszko ; c'est désormais le logement du recteur de l'université.

L'université de Varsovie.
K. Kozlowski/age fotostock

ÉGLISE DES SŒURS DE LA VISITATION★

(Kościół Wizytek)
Ul. Krakowskie Przedmieście 34.
Tout comme celle des Carmélites, cette église a miraculeusement survécu aux destructions de la Seconde Guerre mondiale. Construite au 17e s. par des religieuses françaises, elle possède un superbe décor rococo d'origine. Dans sa jeunesse, Chopin y assistait à la messe dominicale obligatoire de son lycée et y jouait fréquemment de l'orgue.

PALAIS CZAPSKI

(Pałac Czapskich)
Ul. Krakowskie Przedmieście 5.

Ce bel édifice baroque abrite aujourd'hui l'Académie des beaux-arts. Chopin, dont le père – lorrain – était enseignant, habita le palais Casimir, puis le palais Czapski entre sa 17e et sa 20e année.

ÉGLISE SAINTE-CROIX★

(Kościół Św. Krzyża)
D4 *Ul. Krakowskie Przedmieście 3.*
Située après le palais Czapski, elle fut détruite pendant l'insurrection de 1944, à l'issue d'une bataille de deux semaines qui s'est déroulée à l'intérieur même de l'église. Ce bel édifice baroque à deux tours fut ensuite un lieu d'affrontements réguliers entre les étudiants et les autorités communistes. Le Christ de l'entrée, portant la croix sur son dos, est resté le symbole d'une Varsovie martyre. L'autre raison de l'affection des habitants pour cette église est qu'elle abrite le cœur de **Chopin** (dans le deuxième pilier sur le côté gauche de la nef) et les cendres de l'écrivain Władysław Reymont.

PALAIS STASZIC

(Pałac Staszica)
Ul. Nowy Świat 72.
Siège de l'Académie polonaise des sciences (PAN), construit par l'architecte du Grand Théâtre, il vient fermer Krakowskie Przedmieście, alors que la **statue de Copernic (Pomnik Mikołaja Kopernika)** qui lui fait face ouvre symboliquement le « Nouveau Monde » (Nowy Świat).

MUSÉE FRÉDÉRIC-CHOPIN★

(Muzeum Fryderyka Chopina)
D4 *Ul. Okólnik 1 (entrée par la rue Tamka) - ☎ 22 441 62 51 - http://chopin.museum/en - tlj sf lun. 11h-20h - 22 PLN, gratuit le dim. - d'avr. à oct., navettes pour Żelazowa Wola (p. 61), rens. : www.chopinpass.com.*
Installé dans le solennel **palais Ostrogski**, œuvre de Tylman Van Gameren, le musée a fait l'objet de

Sur les pas de Chopin

Pour en savoir plus sur Frédéric Chopin, vous pouvez télécharger gratuitement la nouvelle application « Chopin in Warsaw ». Cet audio-guide propose un parcours dans Varsovie sur les pas du compositeur et vous permet de faire des visites virtuelles de lieux liés à Chopin.
http://fr.chopin.warsawtour.pl

grands travaux et a rouvert ses portes en 2010, à l'occasion du bicentenaire de la naissance du plus célèbre des compositeurs polonais. L'exposition retrace la vie de l'artiste à travers des reconstitutions et près de 7000 objets (manuscrits, lettres, éditions originales de ses œuvres, effets personnels...). Il permet également de découvrir son œuvre grâce à un dispositif multimédia très moderne : bornes sur lesquelles les visiteurs peuvent faire une pause confortable et sélectionner des morceaux à écouter, écrans tactiles et jeux interactifs pour les enfants...
Le musée est relié à un **centre Chopin**, qui abrite une salle de concerts *(rens. sur place ou sur le site Internet)*, une phonothèque, une bibliothèque, un café, un restaurant réputé (Tamka 43, *voir p. 66)* et une librairie.

PALAIS ZAMOYSKI★

(Pałac Zamoyskich)
D5 Situé au n° 1/4 de la rue Foksal, ce palais néo-Renaissance, ouvert au public, abrite aujourd'hui l'**Association des architectes polonais** et un **centre d'architecture (SARP),** un agréable café-restaurant avec terrasse donnant sur un beau jardin à l'anglaise, et la célèbre **galerie Foksal**, l'une des meilleures galeries d'art contemporain de la ville *(✆ 22 827 62 43 - www.galeriafoksal.pl - lun.-vend. 11h-17h - gratuit)*. Un lieu culte pour les artistes d'avant-garde depuis le début des années 1960, lorsqu'elle accueillait les spectacles mis en scène par Tadeusz Kantor.

Nowy Świat (le Nouveau Monde)
Cette extension de la Voie Royale, datant du milieu du 17e s., est surnommée les Champs-Élysées varsoviens. Également rasée lors de la Seconde Guerre mondiale, cette artère bordée de boutiques, cafés et restaurants, a hébergé nombre de personnalités du monde artistique et littéraire polonais.

PALAIS BRANICKI

À l'angle de la rue Smolna.
De style néogothique, le palais abrite la plus belle pharmacie du pays.

ROND-POINT CHARLES-DE-GAULLE★

(Rondo de Gaulle)
D5 Au croisement de la Voie Royale et de l'allée Jerozolimskie, ce « rondo » est l'un des plus encombrés de la ville. Son édifice le plus frappant est l'imposant bâtiment qui abritait autrefois le **siège du Parti communiste polonais (Dom Partii)** et qui, ironie de l'histoire, devint le palais de la Bourse après le changement de régime (la Bourse a depuis été délocalisée dans des locaux adjacents, et le bâtiment n'abrite plus aujourd'hui que des sièges de sociétés privées). Dans un angle du carrefour se trouve une **statue de de Gaulle** par le sculpteur Jean Cardot, réplique de celle des Champs-Élysées. Mais le caractère original du rond-point provient surtout du **palmier** qui trône en son

centre. Il s'agit d'une réalisation de l'artiste Joanna Rajkowska qui, à la suite d'un voyage en Israël, a imaginé planter un palmier sur « l'allée de Jérusalem » de la capitale. Il y a aussi un aspect symbolique car, en polonais, l'ancienne expression « *palma ci odbiła* » servait à désigner quelque chose d'absurde, qualificatif s'appliquant, selon l'artiste, à Varsovie.

MUSÉE NATIONAL★★★

(Muzeum Narodowe)
D5 Al. Jerozolimskie 3 - ✆ 22 621 10 31 - www.mnw.art.pl - mar.-merc. et vend.-dim. 10h-18h, jeu. 10h-21h - 15 PLN, gratuit pour la galerie Faras et le mar. pour les collections permanentes - visite guidée en français sur RV (150 PLN).

Galerie Faras

Au rdc. Elle vaut à elle seule une visite. Le site soudanais de Faras, un de ceux recouverts par les eaux du lac Nasser lors de la création du barrage d'Assouan, fut fouillé par l'archéologue **Kazimierz Michałowski** (1901-1981). Il sauva les 120 remarquables fresques murales datant du 8e au 14e s. qui décoraient une cathédrale chrétienne. C'est la plus grande collection d'art nubien exposée dans le monde, après celle du musée de Khartoum.

Galerie d'Art médiéval

Au rdc. Elle présente de merveilleux retables, sculptures et peintures provenant de toute la Pologne. On admirera tout particulièrement les œuvres gothiques tout en finesse, souvent riches en détail, de la région de Wrocław et de Silésie, comme le *Saint Luc peignant la Vierge Marie* (1506) ou le groupe statuaire formé par la Vierge Marie et Saint Jean (1500), aux visages particulièrement expressifs.

Galeries de peinture

Aux 1er et 2e étages. Elles sont riches en œuvres des différentes écoles de peinture européennes : italienne (Botticelli, le Tintoret), française (Nattier, Watteau), hollandaise (Jordaens) et allemande, et voisines avec les salles présentant les **arts décoratifs** (2e ét.). On s'intéressera tout particulièrement à la **peinture polonaise** *(1er ét.)*. Dans celles consacrées au **19e s.**, ne manquez pas l'immense tableau de Jan Matejko, *La Bataille de Grunwald*, peint en 1878, qui évoque la défaite des chevaliers Teutoniques face à l'armée polonaise. Dans un tout autre registre, les œuvres de Józef Mehoffer, inspirées de l'Art nouveau, donnent une impression de bonheur, comme *L'Étrange Jardin* (1903). La **galerie d'art des 20e et 21e s.** présente pour sa part un panorama de l'art en Pologne de l'indépendance retrouvée du pays en 1918 à nos jours. Un siècle d'histoire riche en événements, drames et révolutions qu'illustrent les travaux d'artistes peintres, sculpteurs, photographes, plasticiens...

Galeries du design polonais

Au 1er étage. On y découvre la créativité et la vitalité du design polonais de la fin du 19e s. à nos jours à travers toutes sortes de pièces et petits films : meubles, textiles, objets du quotidien, objets décoratifs, jouets... Le design industriel et le design « ethnographique » sont aussi évoqués.

MUSÉE DE L'ARMÉE POLONAISE★

(Muzeum Wojska Polskiego)

E5 *Al. Jerozolimskie 3 - ✆ 22 629 52 71 - www.muzeumwp.pl - merc. 10h-17h, jeu.-dim. 10h-16h - 15 PLN, gratuit le sam.*

- Bon à savoir : d'ici 2019, le musée devrait être transféré à la Citadelle (voir p. 57), dans le cadre de la création d'un grand pôle muséographique consacré à l'histoire du pays.

Ce musée, qui occupe une aile du Musée national, est consacré à l'armée en Pologne du haut Moyen Âge à la fin de la Seconde Guerre mondiale. Les sections les plus intéressantes sur le plan visuel sont celles qui présentent l'art de la guerre au Moyen Âge et à l'époque moderne : on y découvre armures, armes et étendards associés aux grandes batailles de l'histoire nationale. À la boutique, les amateurs de soldats de plomb s'en donneront à cœur joie.

PLACE DES TROIS-CROIX★

(Plac Trzech Krzyży)

D5 Nowy Świat continue jusqu'à la place des Trois-Croix, au milieu de laquelle s'élève l'**église St-Alexandre★ (Kościół Św. Aleksandra)**. Construite en 1818 en l'honneur du tsar Alexandre Ier de

N. Michalke/imageBROKER/age fotostock

La voie royale.

Russie, également roi de Pologne, l'église fut copiée sur le Panthéon de Rome avant d'être transformée en cathédrale... entièrement détruite pendant la guerre. Seule l'église d'origine, dont le charme en fait un lieu privilégié des célébrations de mariages, a été rebâtie.

La **rue Wiejska**, au sud de la place, mène aux bâtiments du **Sejm** (le Parlement polonais), élevés après l'indépendance de 1918.

Powiśle★

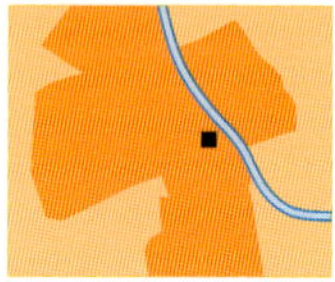

Cette partie de la ville, dont le nom signifie littéralement « bord de Vistule », et ses alentours ont entièrement été rasés en 1944. Traditionnellement laborieux en raison de l'activité générée par le fleuve, Powiśle a été plus tard un quartier étudiant par excellence. C'est toujours le cas, comme en témoigne la présence de la bibliothèque universitaire, de librairies et de petits cafés, mais, depuis l'ouverture du Centre des Sciences Copernic et l'aménagement des berges du fleuve, il s'est ouvert à un public plus large et plus familial.

▶**Accès :** En métro, ligne M2 (station Centrum Nauki Kopernik). En bus, lignes 102, 127, 167 (arrêt Centrum Nauki Kopernik). ***Plan détachable DE34.***
▶**Conseils :** Beaucoup d'animation le week-end dès les beaux jours. Vous pouvez démarrer la promenade par Mariensztat, accessible derrière l'église Sainte-Anne (voir p. 25), au début de la Voie Royale.

CENTRE DES SCIENCES COPERNIC★★

(Centrum Nauki Kopernik)
E4 *Ul. Wybrże Kościuszkowskie 20 - ✆ 22 596 41 00 - www.kopernik.org.pl - Centre des sciences Copernic : juil.-août : 9h-19h; reste de l'année : mar.-vend. 9h-18h, w.-end 10h-19h - 27 PLN; jardin sur les toits : mai-août : tlj sf lun. 10h-20h, sept.-oct. : tlj sf lun. 10h-17h - gratuit; planétarium : juil.-août : mar.-jeu. 9h30-19h30, vend. 9h-21h30, w.-end 10h-20h15; reste de l'année : mar.-jeu. 9h-18h30, vend. 9h-21h30, w.-end 10h30-19h30 - films 22/27 PLN.*
Installé dans un bâtiment moderne, ce musée se veut un lieu de vulgarisation scientifique. De fait, tout est à portée de main (rien n'est en vitrine), comme pour illustrer le proverbe chinois qui a inspiré les concepteurs : « Laisse-moi toucher et je comprendrai. » Sur deux niveaux et 15 000 m^2, les visiteurs découvrent ainsi une exposition permanente de sept galeries correspondant à autant de grands thèmes comme « L'homme et l'environnement », « Le monde en mouvement », « Les racines de la civilisation ». Un jardin, inspiré des paysages naturels de la Vistule, est installé sur le toit et autour du centre. Un **planétarium** complète la visite. L'endroit attire petits et grands, ravis de se livrer à toutes sortes d'expériences. Le billet d'entrée se présente sous la forme d'une carte magnétique qui permet d'enregistrer le résultat de ses propres expériences et d'y accéder en ligne ensuite.

LES « BOULEVARDS » DE LA VISTULE★

(Bulwary wiślane)
E3-4 *Plusieurs points d'accès et passages : derrière le Centre des*

Sciences Copernic, sous la rue Bernardska, sous les jardins du Château royal.

Depuis 2010, des travaux ont ouvert aux piétons l'accès aux berges de la Vistule (rive gauche), grâce à l'aménagement de plusieurs sections, très animées à la belle saison. Au nord, juste après la Nouvelle Ville, les langues de sable alternent avec des quais bien aménagés. Sur plusieurs niveaux en contre-haut du fleuve, cafés, chaises longues, pistes pour rollers et cyclistes, petites scènes de spectacle et même une véritable plage, au nord du pont Łazienkowski et du port Czerniakowski *(voir encadré p. 60)*, permettent de passer un dimanche d'été au bord de l'eau. Très agréable... et fréquenté.

MUSÉE D'ART MODERNE

(Muzeum Sztuki Nowoczesnej)

E4 *Wybrzeże Kościuszkowskie 22 - ☏22 596 40 10 - artmuseum.pl - mar.-vend. 12h-20h, sam. 11h-20h, dim. 11h18h - 1 PLN.*

Le musée d'art moderne *(en travaux)* a ouvert ici une annexe, installée dans un bâtiment conçu par l'architecte autrichien Adolf Krischanitz, avec une façade décorée par Sławomir Pawszak. On y voit des expositions temporaires, on flâne à la librairie, on s'attarde à la terrasse de l'agréable café qui domine le fleuve.

BIBLIOTHÈQUE UNIVERSITAIRE

(Biblioteka Uniwersytecka)

E4 *Ul. Dobra 56/66 - ☏ 22 552 51 78 - www.buw.uw.edu.pl - jardin ouv. mai-sept. : 8h-20h ; avr. et oct. 8h-18h - gratuit.*

Cet édifice tout de verre et de béton, dont la façade moderne évoque un livre ouvert, se compose de deux bâtiments reliés par un passage couvert. Mais son principal intérêt réside dans son superbe **jardin sur le toit**, qui s'étend sur plus de 1 ha. Parcouru de ponts et d'un petit cours d'eau, planté d'une grande variété de plantes, il constitue un agréable lieu de promenade ou de repos, bien évidemment fort prisé des étudiants et des universitaires qui viennent y réviser aux beaux jours. Accessible à tous, il permet également de bénéficier d'un joli point de vue sur la Vistule qui s'écoule en contrebas.

MARIENSZTAT★

D3 Ce petit quartier encore préservé du tourisme possède un charme incomparable et une histoire unique à Varsovie. Créé au 18e s., il devint au fil du temps un lieu mal famé. Rasé par les Allemands en 1944, il fut le premier quartier résidentiel de la capitale à être reconstruit, témoignant d'un urbanisme qui privilégiait les constructions basses, l'harmonie architecturale, les espaces dédiés aux piétons... loin des partis pris choisis ultérieurement dans d'autres zones de la ville. C'est aujourd'hui une oasis hors du temps avec des rues pavées bordées de demeures aux teintes pastel, des maisons à arcades, des espaces verts et des cafés. Il n'y a rien de spécial à y faire si ce n'est profiter d'un visage paisible et inattendu de la capitale.

Autour du palais de la Culture et des Sciences★

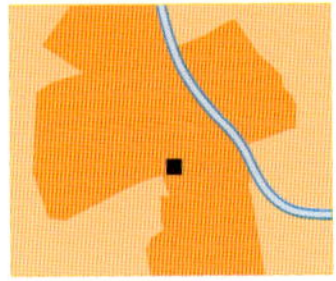

Organisé autour du palais de la Culture et des Sciences, le centre économique et commercial de Varsovie se compose d'une troublante association de gratte-ciel et de constructions futuristes le long de larges avenues staliniennes, sur lesquelles cohabitent pêle-mêle hôtels et boutiques de luxe, tours modernes comme la Złota 44 ou Warsaw Spire, de près de 230 m de haut, blocs d'habitation de l'ère communiste, échoppes commerçantes et étalages de produits divers. Cet éventail disparate affiche les contrastes d'une société en pleine et rapide mutation économique.

▶**Accès :** En métro, ligne M2 (station Świętokrzyska) ou ligne M1 (station Centrum). En bus, lignes 117, 127, 128, 151, 158, 171 et 175 (arrêt Centrum). En tramway, lignes 7, 9, 22, 24, 25, 77 (arrêt Centrum).

Plans I et II p. 16-17 et p. 36-37. Plan détachable BC5.

▶**Conseil :** Profitez de votre visite au palais de la Culture et des Sciences pour vous rendre dans l'ancien quartier juif *(voir p. 42)*.

PALAIS DE LA CULTURE ET DES SCIENCES★★★

(Pałac Kultury i Nauki)

C5 *Plac Defilad 1 - ✆ 22 656 76 00 - www.pkin.pl - entrée principale et parking par la rue Marszałkowska - terrasse panoramique 10h-20h (mai-sept- : vend.-sam. 23h30) - 22 PLN.*

« Cadeau de la nation soviétique à la nation polonaise », le palais de la Culture et des Sciences est devenu, ironie de l'histoire, le **symbole de Varsovie**. Commandé par Staline et conçu par Lev Rudnev, cet impressionnant labyrinthe mêle réalisme socialiste (les sculptures

Le palais de la Culture et des Sciences en chiffres

D'une hauteur de 230,68 m (167,68 m jusqu'à la base de la tour), cet immeuble de 42 étages est visible à 30 km à la ronde. Il possède la 2e horloge la plus élevée du monde. Il compte 33 ascenseurs pour une surface de 3,3 ha et un volume global de 817 000 m^3. Sa construction (1952-1955) a nécessité 3 500 ouvriers russes, 40 millions de briques, 80 000 m^3 de béton, 28 000 m^2 de plaques de marbre pour un total de 3 288 pièces (123 084 m^2).

NiseriN/iStock

Le palais de la Culture et des Sciences, et le nouveau centre-ville.

qui entourent le palais) et éléments d'architecture traditionnelle de Pologne (on peut même y voir les statues de Copernic et Mickiewicz). L'histoire du palais est, depuis sa construction, riche en anecdotes : l'architecte a ainsi étrangement voulu que figure la statue de Hans Christian Andersen ; l'administration du palais entretient encore les tombes au cimetière orthodoxe des 14 ouvriers et des deux enfants morts sur le chantier ; une série de 8 suicides (initiée d'ailleurs par un Français) a suivi l'inauguration de la vue panoramique en 1956 ; les Rolling Stones y ont donné un concert mémorable en 1967 ; la disparition de la statue de Staline encastrée dans la façade ouest, au début des années 1990, reste non élucidée...

Après la chute du régime communiste, l'avenir du palais de la Culture devint une problématique urbanistique majeure pour Varsovie, et il fut un temps envisagé de le raser. Le palais de la Culture est pourtant aujourd'hui de moins en moins controversé : il a été classé monument historique en 2007. Il abrite trois théâtres, un multiplexe cinématographique, une salle de congrès de 3000 places, une piscine, plusieurs bars et clubs, une multitude d'institutions officielles ainsi que le **musée des Maisons de poupées★** *(Muzeum Domków dla Lalek, www.muzeumdomkow.pl, 9h-19h, 20 PLN - entrée par la cour intérieure).* Il ravira tous les visiteurs avec ses jolies maisons et boutiques miniatures et ses expositions temporaires. Un ascenseur conduit au 30e étage (114 m), d'où on peut voir toute la ville et apprécier les nouveaux gratte-ciel du quartier.

FOTOPLASTIKON★

***C5** Al. Jerozolimskie 51 - 22 629 60 78 - http://fotoplastikonwarszawski.pl - merc.-dim. 10h-18h (durée 20mn) - 4 PLN, gratuit le jeu.*

Inaugurée en 1901, c'est la dernière rotonde de projection encore en activité en Europe. Vingt-quatre postes de visionnage montrent la vie à Varsovie au début du 20e s. en stroboscopie (trois dimensions).

MUSÉE ETHNOGRAPHIQUE★

(Państwowe Muzeum Etnograficzne)

***C4** Ul. Kredytowa 1 - 22 827 76 41 - www.ethnomuseum.pl - mar., jeu., vend. 10h-17h, merc. 11h-19h, sam. 12h-18h, dim. 12h-17h - 12 PLN, gratuit le jeu.*

Ce musée présentant une impressionnante collection de costumes folkloriques traditionnels des quatre coins de la Pologne réjouira notamment les amateurs d'art populaire. Nombre des expositions temporaires méritent également le détour.

ÉGLISE LUTHÉRIENNE

(Kościół Ewangelicko-Augsburski)

Cette église du 18e s. abrite un énorme dôme, le plus grand de Varsovie.

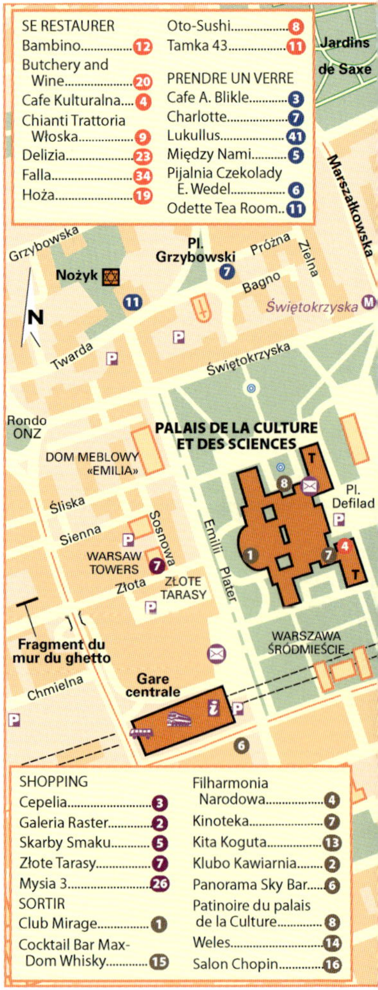

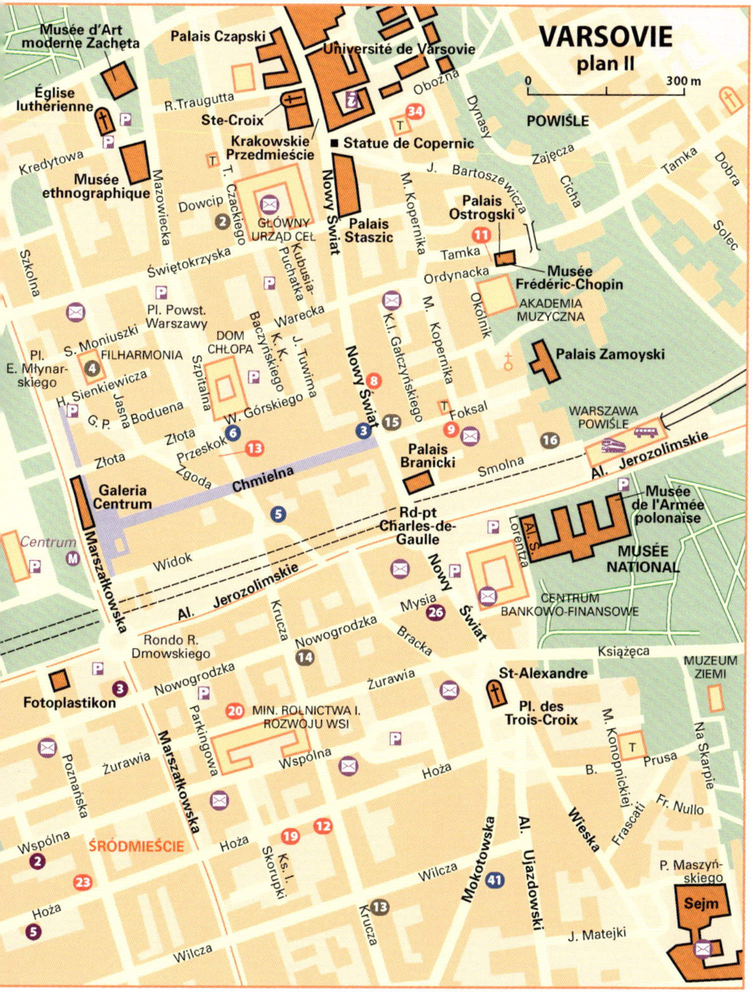

VARSOVIE
plan II
0
300 m
POWIŚLE
ŚRÓDMIEŚCIE
Musée d'Art moderne Zachęta
Palais Czapski
Université de Varsovie
Église luthérienne
R.Traugutta
Ste-Croix
Krakowskie Przedmieście
Statue de Copernic
Kredytowa
Musée ethnographique
Mazowiecka
T. Czackiego
Dowcip
GŁÓWNY URZĄD CEŁ
Nowy Świat
Palais Staszic
M. Kopernika
J. Bartoszewicza
Palais Ostrogski
Oboźna
Dynasy
Zajęcza
Cicha
Tamka
Dobra
Solec
Ordynacka
Musée Frédéric-Chopin
AKADEMIA MUZYCZNA
Okólnik
Palais Zamoyski
Szkolna
Świętokrzyska
Kubusia-Puchatka
Pl. Powst. Warszawy
Warecka
K.I. Gałczyńskiego
DOM CHŁOPA
Baczyńskiego
K. K.
J. Tuwima
Pl. E. Młynarskiego
S. Moniuszki
FILHARMONIA
H. Sienkiewicza
Jasna
Szpitalna
G. P. Boduena
W. Górskiego
Foksal
WARSZAWA POWIŚLE
Złota
Przeskok
Zgoda
Chmielna
Palais Branicki
Smolna
Al. Jerozolimskie
Galeria Centrum
Centrum
Marszałkowska
Widok
Rd-pt Charles-de-Gaulle
Musée de l'Armée polonaise
Lorentza
Al. S.
MUSÉE NATIONAL
CENTRUM BANKOWO-FINANSOWE
Krucza
Nowogrodzka
Mysia
Bracka
Rondo R. Dmowskiego
Książęca
MUZEUM ZIEMI
Fotoplastikon
St-Alexandre
Pl. des Trois-Croix
Żurawia
MIN. ROLNICTWA I ROZWOJU WSI
Parkingowa
Poznańska
Wspólna
Hoża
M. Konopnickiej
Prusa
Na Skarpie
B.
Fr. Nullo
Frascati
Wiejska
Al. Ujazdowski
Mokotowska
Ks. I. Skorupki
Wilcza
P. Maszyńskiego
Sejm
J. Matejki

Elle est réputée pour son excellente acoustique et accueille régulièrement des concerts (Chopin y jouait déjà à l'âge de 14 ans).

MUSÉE D'ART MODERNE ZACHĘTA★★

(Zachęta Narodowa Galeria Sztuki)
C4 *Plac Małachowskiego 3 (au coin de la place Piłsudski et de la rue Mazowiecka) - ✆ 22 556 96 00 - www.zacheta.art.pl - tlj sf lun. 12h-20h - 15 PLN, gratuit le jeu.*
Le bâtiment, construit en 1900, est le plus important musée d'art contemporain de Pologne. À l'origine, ses collections étaient plus imposantes qu'aujourd'hui

jacek_kadaj/iStock

La place de la Banque et la Tour bleue.

(comprenant notamment *La Bataille de Grunwald* de Matejko) mais, cachées au Musée national dès le début de la guerre, elles y sont restées. C'est ici qu'a été assassiné le 16 décembre 1922 Gabriel Narutowicz, premier président polonais, une semaine seulement après son élection. Le musée est surtout réputé pour ses expositions temporaires de grande qualité.

PLACE PIŁSUDSKI

(Plac Piłsudskiego)
CD4 À l'ouest de la place, le **tombeau du Soldat inconnu (Grób Nieznanego Żołnierza)** fut érigé en 1925 en commémoration des anonymes, morts en luttant pour l'indépendance de la Pologne. Il recèle les cendres d'un soldat inconnu défenseur de Lwów (aujourd'hui L'viv en Ukraine), mélangées à de la terre des champs de bataille de la Première Guerre mondiale. Il est situé sous la colonnade de l'ancien **palais de Saxe**, seul vestige de l'ancienne résidence royale détruite pendant la guerre, mais dont les caves ont été mises au jour en 2007, et qui sera probablement reconstruit dans les années à venir, peut-être pour accueillir le nouvel hôtel de ville. Lieu tout désigné des grands rassemblements, la place a été le point de départ des manifestations organisées par Solidarność dans les années 1980. C'est ici aussi que les Varsoviens ont assisté par milliers à la retransmission des obsèques du pape Jean-Paul II, en 2005. Cet endroit immense, et la plupart du temps

Se repérer

*L'**allée Jerozolimskie** traverse Varsovie d'est en ouest sur plusieurs kilomètres. Elle est dominée par le gratte-ciel de verre aux couleurs changeantes de la LOT, dans lequel se reflètent le palais de la Culture, la **gare centrale (Warszawa Centralna)** et le **Złote Tarasy**, le centre de vie et de loisirs voisin qui semble l'embrasser. Ce complexe innove par son architecture, surtout sa verrière de plus de 10 000 m², censée rappeler le couvert végétal des parcs de la ville.*

*La **rue Marszałkowska** constitue l'axe nord-sud. Elle est traversée en son début par des passages souterrains, typiques des villes d'Europe centrale, grouillants de population et d'activité. Derrière la longue galerie commerciale de la façade est du boulevard (« le Mur de l'Est »), la **rue Chmielna**, artère commerçante et piétonnière à dimension plus humaine, conduit à la Voie Royale.*

désert, est un singulier concentré de styles architecturaux des plus divers. Au nord de la place s'impose le **Metropolitan**, un vaisseau de verre construit par Norman Foster. Ce singulier bâtiment, très controversé en raison de sa proximité avec le Grand Théâtre, est un centre d'accueil éclectique, rassemblant autour de l'intéressante fontaine de sa cour intérieure des restaurants, des galeries d'art et des boutiques de luxe, ainsi que des bureaux dans ses étages supérieurs. Il jouxte l'ex-**hôtel Europejski**, un ancien palais du 19e s. reconverti en palace pendant l'ère communiste et récupéré depuis par ses anciens propriétaires, et fait face au bunker stalinien de l'**hôtel Sofitel**.

JARDINS DE SAXE★

(Ogród Saski)

C4 Dessinés par Tylman Van Gameren pour Auguste II de Saxe au tout début du 17e s., ces jardins échappèrent miraculeusement aux opérations de destruction de la Seconde Guerre mondiale. Abritant une centaine d'espèces d'arbres centenaires, ils constituent le plus beau poumon vert du centre de Varsovie. L'artère principale, arborant une fontaine du 19e s., le premier château d'eau de la ville et un cadran solaire, s'ouvre sur d'élégantes statues baroques symbolisant les Vertus, les Sciences et les Éléments.

PLACE DE LA BANQUE

(Plac Bankowy)

B3 Occupant entièrement le côté ouest de la place, la **Présidence de Varsovie (Urząd Miasta Stołecznego Warszawy)**, c'est-à-dire la mairie, est un imposant complexe de bâtiments dessinés par Corazzi au début du 19e s. Devant trône la statue du poète Juliusz Słowacki.

À côté, le **musée des collections Jean-Paul II** (**Muzeum Kolekcji im. Jana Pawła II** - *✆ 22 620 27 25 - http://mkjp2.pl - fermé pour rénovation jusqu'à nouvel ordre)* regroupe peintures et sculptures de grands maîtres européens. Don de la famille Carroll-Porczyński à l'Église polonaise, ce musée est toutefois controversé, l'authenticité de certaines œuvres étant mise en doute.

PLACE DU THÉÂTRE

(Plac Teatralny)

C3 La place du Théâtre constituait avant guerre le cœur élégant de la ville. Les bâtiments rénovés de l'ancienne mairie, longtemps laissée à l'abandon (aujourd'hui le siège d'une banque), lui ont fait retrouver un peu de son cachet. Construit entre 1825 et 1833 par Antonio Corazzi, le **Grand Théâtre★** *(Teatr Wielki - www.teatrwielki.pl)* arbore une belle façade classique décorée de sculptures grecques, et sa rotonde intérieure mérite le détour. Reconstruit et agrandi après la guerre, il réunit l'Opéra et le Théâtre national, ainsi qu'un petit musée accueillant des expositions temporaires sur l'histoire du théâtre en Pologne. L'intérieur n'est toutefois accessible qu'aux heures des représentations.

MUSÉE DE LA CARICATURE

(Muzeum Karykatury)

Ul. Kozia 11 - ☏ 22 827 88 95 - http://muzeumkarykatury.pl - tlj sf lun. 10h-18h - 7 PLN, gratuit le mar.

Ce minuscule mais amusant musée accueille des expositions temporaires de caricaturistes polonais – un genre très apprécié en Pologne –, le plus célèbre d'entre eux étant Eryk Lipiński, qui a fondé et dirigé le musée de 1978 à 1991.

AUTOUR DE LA PLACE DE LA CONSTITUTION

Au sud du palais de la Culture et des Sciences, la **rue Marszałkowska** mène à la **place de la Constitution★ (Plac Konstytucji** - ***D6***). Ses symétries harmonieuses, ses constructions grandioses et froides, ornées de bas-reliefs et de groupes sculptés à la gloire du peuple au travail, représentent un bel exemple de l'architecture sociale-réaliste. Les rues adjacentes à la place, faisant partie du **Quartier d'Habitation Marszałkowska (MDM),** prestigieux ensemble construit au début des années 1950, tendent à s'affirmer comme un quartier résidentiel de plus en plus prisé du centre-ville. La **rue Mokotowska**, particulièrement animée, aligne boutiques branchées de designers polonais, magasins d'antiquités et restaurants à la mode, tout comme la **place Zbawiciela** et ses nombreux cafés, devenue un endroit très couru en soirée.

Grand Théâtre et Opéra national.
Velishchuk/iStock

Sur les traces de la Varsovie juive★★

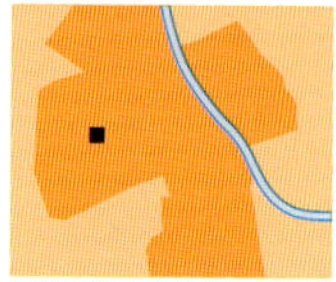

C'est dans ces quartiers et, dans une moindre mesure, à Praga, de l'autre côté de la Vistule, que l'on retrouve les maigres traces de la présence de la communauté juive. Pendant la Seconde Guerre mondiale, plusieurs centaines de milliers de personnes, vivant dans ce qui était alors le plus grand ghetto juif d'Europe, sont mortes de privation, de maladies, victimes des conditions de vie inhumaines, ou déportées. Si la plupart des bâtiments ont été rasés par leurs bourreaux, le souvenir des disparus demeure encore très vivace.

▶**Accès :** En métro, ligne M1 (station Ratusz Arsenał pour l'Institut historique juif) et ligne M2 (station Rondo ONZ pour le fragment du mur du ghetto et la synagogue Nożyk). En bus, lignes 111 et 180 (arrêt Nalewki Muzeum) ou en tram, lignes 4, 15, 35 (arrêt Muranów, pour le musée d'Histoire des Juifs polonais et le chemin du Souvenir).

Plan II p. 36-37. Plan détachable AB2-5.

▶**Conseil :** Les lieux liés à la culture juive étant parfois mal signalés, il est recommandé de se munir d'un plan détaillé (demandez le livret gratuit en anglais à l'office de tourisme) et de suivre les indications pratiques.

LA TOUR BLEUE

La Tour bleue (tour Peugeot) qui se dresse à l'angle de la place de la Banque et de l'avenue Solidarności occupe l'emplacement de l'ancienne **Grande Synagogue (Wielka Synagoga)** de Varsovie, l'une des plus grandes du monde en 1939. Sur le tas de cendres laissé par les nazis, les autorités communistes prirent la décision de bâtir une grande tour destinée à accueillir des bureaux. Mais le chantier dura vingt ans, les innombrables difficultés s'étant finalement arrêtées, selon une légende, après la désacralisation secrète du lieu par un rabbin venu spécialement des États-Unis... Pour mémoire, on dénombrait à Varsovie avant la Seconde Guerre mondiale quelque 300 synagogues et maisons de prières : de ce côté-là de la Vistule, une seule a survécu au passage des Allemands.

INSTITUT HISTORIQUE JUIF★

(Żydowski Instytut Historyczny)

B3 *Ul. Tłomackie 3/5 (derrière la tour Peugeot) - ✆ 22 827 92 21 - www.jhi.pl - lun.-vend., dim. 10h-18h - 10 PLN, gratuit le dim.*

Bon à savoir – *Malgré un intérêt indéniable, la visite de l'Institut est devenue secondaire pour le grand*

L. Vallecillos/age fotostock

Le musée d'histoire des Juifs polonais, conçu par les architectes Rainer Mahlamäki et Iimari Lahdelma.

public depuis l'ouverture du musée d'Histoire des juifs polonais-POLIN (lire ci-contre).
Fondé juste après la guerre sur le site de l'ancienne librairie juive, le lieu présente deux expositions permanentes : l'une sur l'art juif (œuvres d'art sacral et séculier) et l'autre sur le ghetto de Varsovie *(film de 35mn en anglais)*. L'Institut abrite également un centre de recherches (les 6 500 pièces des Archives Ringelblum inscrites au Registre de la mémoire du monde par l'Unesco) et une bibliothèque conséquente sur l'histoire des juifs polonais depuis le 17e s.
L'ancienne rue Nalewki, rebaptisée après la guerre **rue des Héros du ghetto (Ulica Bohaterów Getta),** était l'une des principales artères du quartier juif de Varsovie. À l'exception de l'Arsenal, qui abrite aujourd'hui le Musée archéologique *(voir p. 24)*, tous les bâtiments qui la bordaient ont été détruits ; seules subsistent une partie du pavage et une courte portion des rails de l'ancienne ligne de tramway. Une marque au sol indique où se situait l'une des principales entrées du ghetto.

MUSÉE D'HISTOIRE DES JUIFS POLONAIS-POLIN★★★

(Muzeum Historii Żydów Polskich - POLIN)
A3 *Ul. Anielewicza 6 - ✆ 22 471 03 00 - www.polin.pl - lun., jeu., vend.*

10h-18h; merc., sam., dim. 10h-20h - 25 PLN, gratuit le jeu. - audioguide en français 10 PLN, très bien fait et vivement recommandé - visite guidée (2h) 35 PLN - cafétéria et bonne librairie.

Bon à savoir – *Il faut compter une bonne demi-journée pour tout voir, mais le musée met à disposition des visiteurs pressés des fiches listant les « must ».*

Le grand intérêt de ce musée ouvert en 2014 est de retracer la longue histoire des juifs en Pologne, trop souvent réduite à la période de la Seconde Guerre mondiale. L'exposition permanente parcourt près de 1000 ans de présence dans le pays, depuis leur arrivée comme marchands à l'époque médiévale jusqu'à nos jours.

Si le choix de son emplacement est symbolique – la partie nord de l'ancien ghetto dans le quartier Muranow –, l'architecture du musée, conçue par un cabinet finlandais, l'est tout autant : le « passage » qui entaille la façade et traverse l'ensemble de l'édifice n'est pas sans évoquer l'ouverture des eaux de la mer Rouge devant Moïse et le peuple juif; sur les panneaux de verre qui couvrent la façade figurent des lettres hébraïques et latines formant le mot « Polin » (Pologne en hébreu); enfin, la *mezouzah* fixée à droite de l'entrée du musée a été réalisée avec des briques de l'ancien ghetto.

Le fonds, d'une richesse exceptionnelle, est servi par une muséographie innovante mêlant sons, reconstitutions d'intérieurs, objets d'époque... Huit grandes sections déroulent selon un ordre chronologique la grande et la petite histoire, le destin d'un peuple et les destins individuels de personnalités éminentes ou de parfaits inconnus. Au fil des salles se dessinent les grandes périodes et les enjeux majeurs auxquels la communauté a été confrontée. Parmi les sections à ne pas manquer : la reconstitution de la vie quotidienne dans une petite ville aux 17-18e s., et la période 1918-1939, qui met en lumière toute la diversité de la vie juive dans la Pologne de l'entre-deux guerres. Le musée abrite également un centre culturel qui organise des expositions temporaires, projections de films, débats, ateliers, spectacles, concerts et conférences.

CHEMIN DU SOUVENIR DU MARTYRE ET DU COMBAT DES JUIFS★★

(Trakt Pamięci Męczeństwa i Walki Żydów)

A2-3 Le chemin du Souvenir serpente entre les rues Anielewicza et Stawki. Dès 1946, les autorités glorifièrent la résistance des Juifs en construisant un petit **monument des Révoltés du ghetto (Pomnik Postańców Getta)**, près de l'angle entre les rues L.-Zamenhofa et Anielewicza, à l'emplacement du premier affrontement armé entre résistants et nazis (voir la lettre « B » pour Bereishis en hébreu qui y figure et qui signifie « genèse »).

Faisant face au musée, le **monument des Héros du ghetto (Pomnik Bohaterów Getta)**, inauguré en 1948, est recouvert d'un revêtement en pierre de labradorite polie commandé en réalité en 1942 par l'architecte Albert Speer pour bâtir un monument à la victoire nazie. De chaque côté de l'édifice se trouvent deux menorahs en bronze et deux blocs identiques en syénite (inaugurés en 1988) rappelant le soulèvement. Le monument est orné sur chaque face d'une sculpture de Nathan Rapoport. Le bas-relief du mur côté est a pour titre *La Marche vers l'extermination* et dépeint tous ceux qui ont perdu espoir. La sculpture en bronze du mur ouest, fondue à Paris chez Eugène Didier, est intitulée *Combat* et montre les jeunes révoltés dirigés par Mordechaj Anielewicz, commandant de la ŻOB (Organisation juive de combat).

À côté du monument des Héros, le **Chêne de l'espoir** symbolise depuis 1988 la mémoire commune des Juifs polonais et de ceux qui les ont aidés au péril de leur vie. Tout proche, le **monument à Żegota**, posé en 1995, commémore le Conseil polonais d'aide aux Juifs, seule organisation de ce type à avoir été fondée et financée par un gouvernement en exil.

C'est ici aussi que le chancelier ouest-allemand s'est recueilli en 1970 ; du côté de la rue Lewartowskiego, un **monument à Willy Brandt** commémore ce geste.

Le chemin du Souvenir se poursuit le long de la rue L.-Zamenhofa, marquée depuis 1988 de **15 blocs de syénite noire** qui mélangent la forme d'un sarcophage antique et celle d'une pierre tombale *(matseva)*. Ils honorent des événements et personnages marquants du ghetto : l'historien Emmanuel Ringenblum, le chef des révoltés Mordechaj Anielewicz, ou encore le pédagogue Janusz Korczak. Au milieu de la rue a été inauguré en 1997 le **monument à Szmul Zygelbojm**, qui se compose d'un mur vitrifié et d'une « compression », et qui porte le testament de cet émissaire auprès du gouvernement polonais en exil à Londres, écrit avant son suicide en mai 1943 pour protester contre l'absence d'aide des Alliés aux Juifs en révolte.

Un peu plus haut, sur le site de l'**ancien bunker du QG de la ŻOB (Bunkier Komendy ŻOB)**, apparaît un monument tout aussi surprenant qu'émouvant : un tertre créé en 1946 pour témoigner non seulement de la présence d'un lieu de mémoire, mais aussi pour matérialiser la hauteur des décombres du ghetto. Une pierre commémorative a été déposée sur

Sur les ruines du ghetto

Dans les rues de l'ancien ghetto, vous remarquerez que de nombreuses maisons sont légèrement surélevées : dans l'urgence, les autorités communistes d'après-guerre, désemparées par l'ampleur des dégâts et des travaux de reconstruction, ont décidé d'ériger les nouveaux blocs d'immeubles directement sur les ruines du ghetto.

le monticule dans les années 1950 et un obélisque plus récent a été placé au pied du tertre. Ils rappellent l'existence de plusieurs centaines de bunkers comme celui-ci dans la ville et le sort tragique réservé à leurs occupants, qui ont préféré en général se suicider plutôt que de se rendre, et dont les corps reposent sous nos pieds. À noter le nombre élevé de femmes, dont témoignent les 51 noms ou prénoms de victimes dont on a gardé trace.
Le chemin se termine sur la « place de transbordement » (Umschlagplatz en allemand - *Ul. Stawki 10*), gare de départ vers le camp de Treblinka (voir p. 110) pour plus de 300 000 Juifs déportés à partir de juillet 1942. Le **monument de l'Umschlagplatz** en marbre blanc, érigé en 1988, rappelle par sa forme et ses éléments à la fois les wagons à bestiaux remplis de Juifs, une pierre tombale, un *talith* (châle de prière barré de noir) et l'espoir d'une renaissance (les arbres abattus revivent derrière le monument). À l'intérieur, les 448 prénoms (d'Abel à Żanna) symbolisent les 448 000 Juifs du ghetto, pour la plupart inconnus. Sur le mur latéral, on peut lire un verset du Livre de Job qui précise que la terre doit refuser de recouvrir le sang des victimes, afin que le cri de révolte ne cesse d'être entendu.

De maigres traces

Seuls quelques fragments du mur sont encore visibles dans la ville, notamment au 60/62 rue Złota, au 11 rue Walicców et près du cimetière juif de la rue Okopowa.

MONUMENT AUX VICTIMES ET AUX EXÉCUTÉS DE L'EST

(Pomnik Poległym i Pomordowanym na Wschodzie)
B2 C'est l'un des plus impressionnants monuments de la ville, créé par le sculpteur Maksymilian Biskupski en 1995, pour le 56e anniversaire de l'attaque de la Pologne par l'URSS. Il se compose d'un wagon chargé de croix symbolisant les religions et cultures des victimes de l'agression soviétique. Le wagon est posé sur une voie de chemin de fer dont les rails portent les noms des principaux lieux d'emprisonnement et d'exécution en URSS. Sur ce monument se sont recueillis les papes Jean-Paul II en 1999 et Benoît XVI en 2006.

CIMETIÈRE JUIF

(Cmentar Żydowski)
Hors plan A3 *Ul. Okopowa 49/51 - ☏ 22 838 26 22 - www..warszawa.jewish.org.pl - lun.-jeu. 10h-17h ou crépuscule (en automne-hiver), vend. 9h 13h, dim. 11h-16h. Un guide des tombes est disponible sur le site Internet (en anglais).*
Établi en 1806, c'est l'un des plus grands cimetières juifs d'Europe et l'un des rares encore en activité en Pologne. Peu endommagé pendant la guerre, il abrite 250 000 tombes, parmi lesquelles celles de l'inventeur de l'espéranto Ludwig Zamenhof, du

L. Vallecillos/age fotostock

Le cimetière Juif.

chef du Judenrat Adam Czerniaków, de l'écrivain Isaac Leib Peretz, de la comédienne Ester Rachel Kamińska ou le tombeau symbolique de Janusz Korczak.

LES AUTRES CIMETIÈRES DE WOLA

Au nord et au sud de la nécropole juive se trouvent les plus anciens cimetières de la capitale, qui illustrent sa diversité culturelle passée. Le plus grand est celui de **Powązki (Cmentarz Powązkowski)**, sorte de Père-Lachaise polonais. Au nord-ouest, les tombes à la calligraphie arabe du petit **cimetière musulman tatar (Muzułmański Cmentarz Tatarski)** rappellent la profonde intégration de cette communauté dans la société polonaise jusqu'à la Seconde Guerre mondiale. Enfin, au sud, le **cimetière luthérien (Cmentarz Ewangelicko-Augsburgski)** témoigne aussi du haut degré d'assimilation de la minorité allemande depuis le 17e s.

ORPHELINAT JANUSZ-KORCZAK

(Dom Sierot)

Hors plan A4 *Ul. Jaktorowska 6 - tramway lignes 1 ou 22 jusqu'à la stationOkopowa (3 arrêts depuis le cimetière juif) - ☎ 22 632 30 27 -www. korczakianum.muzeumwarszawy.pl - mar.-vend. 10h-16h - gratuit.*

Au sud du cimetière juif, l'établissement tenu autrefois par Janusz Korczak abrite toujours un orphelinat, mais aussi un centre de recherche et de documentation sur cet homme qui a toujours milité pour la défense des droits de l'enfant. L'imposante **statue** (1979) et la plaque commémorative de l'entrée rendent hommage à ce médecin-écrivain qui mourut à Treblinka avec les orphelins dont il s'occupait et auxquels il se joignit de son plein gré. Andrzej Wajda en fit le sujet de l'un de ses plus beaux films, *Korczak (1990)*.

MUSÉE DE L'INSURRECTION DE VARSOVIE★★

(Muzeum Powstania Warszawskiego)

Hors plan A5 *Accès en tramway : lignes 22 ou 24 de Al. Jerozolimskie (station Muzeum Powstania Warszawskiego) ou métro ligne M2, station Rondo Daszyńskiego. Ul. Grzybowska 79 (entrée par Ul. Przyokopowa) - ☏ 22 539 79 05 - www.1944.pl - lun., merc. et vend. 10h-18h, jeu. 10h-20h, w.-end 10h-18h - 18 PLN, gratuit le dim.*

Ce musée a été aménagé dans le bâtiment en brique d'une ancienne centrale électrique du tramway. Utilisant une scénographie moderne (films, photos, ambiances sonores), il retrace jour par jour le sanglant épisode de l'insurrection de Varsovie du 1er août au 2 octobre 1944 *(voir p. 48 et 108)*. Cet événement symbolique de la résistance polonaise est encore très présent dans les mémoires. Sa visite est extrêmement émouvante, surtout quand on se retrouve devant les photos de ces garçons et filles talentueux fauchés en pleine jeunesse pour s'être battus, dans une ville en ruine, contre les troupes nazies.

Reprenez la rue Grzybowska. Les autres lieux de souvenir et de culte juifs sont concentrés autour de la place Grzybowski, à la limite sud-est du quartier de Mirów, dans le voisinage du palais de la Culture.

PLACE GRZYBOWSKI

(Plac Grzybowskiego)

B4 À l'angle de la place et de la rue Próżna, les seuls immeubles n'étant pas tombés lors de la destruction du ghetto témoignent de l'architecture de brique rouge propre à la Varsovie d'avant-guerre. C'est là que se tient le Festival de la culture juive « Varsovie de Singer » (voir p. 100).

SYNAGOGUE NOŻYK★

(Synagoga Małżonków Nożyków)

B4 *Ul. Twarda 6 - mieux vaut téléphoner avant au ☏ 22 620 43 24 - www.warszawa.jewish.org.pl - lun.-jeu. 9h-20h, vend. jusqu'au crépuscule, dim. 11h-19h - 10 PLN.*

Bon à savoir - *Il n'est pas rare de trouver un guide prêt à effectuer une visite sur place.*

Construite en 1898-1902, c'est la seule synagogue de Varsovie ayant échappé à une destruction totale (elle avait été transformée en écurie). Rouverte en 1983, elle est dotée d'une très belle architecture intérieure.

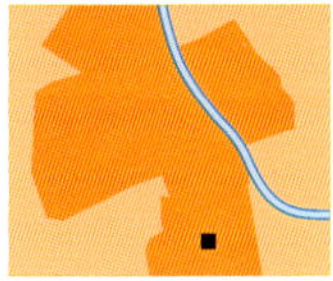

Les parcs Ujazdowski et Łazienki★★

La présence de vastes et paisibles parcs est sans conteste l'un des plus beaux agréments de Varsovie. C'est certainement la raison pour laquelle la deuxième partie de la Voie Royale (voir p. 25) est la préférée des Varsoviens. Elle s'étire de façon quasi ininterrompue le long de 2,5 km d'espaces verts, de l'allée Ujazdowskie (au sud de la place des Trois-Croix) jusqu'au parc Łazienki, de loin le plus beau et le plus célèbre parc de Pologne.

▶**Accès :** En métro, ligne M1 (station Politechnika) ou en bus, lignes 107, 159, (arrêt Piekna pour le parc Ujazdowski) ou lignes 116, 166, 180 (arrêt Łazienki Królewskie pour le parc Łazienki).
Plan détachable EF6-7.
▶**Conseil :** Aussi tentante que soit l'herbe du parc Łazienki, méfiez-vous : les pique-niques ne sont autorisés que dans deux zones. Si vous avez envie d'un déjeuner en plein air, direction le restaurant du centre d'art contemporain, Qchnia Artystyczna, au château Ujazdowski, qui dispose de la plus belle terrasse de Varsovie aux beaux jours *(voir « Nos adresses », p. 69)*.

ALLÉE ET PARC UJAZDOWSKI

DE6-7 L'**allée Ujazdowskie** est l'une des plus élégantes avenues de la capitale. Bordée de villas du 19e s. aux façades admirablement sculptées (pour la plupart désormais occupées par des ambassades), elle mène au parc du même nom auquel on accède juste après être passé, hélas, au-dessus d'une voie express.

Château Ujazdowski (Zamek Ujazdowski)★

E6 L'esplanade d'Ujazdów précède en fait l'histoire de Varsovie. Ce hameau, dont les origines remontent au début du 12e s., était en effet le lieu de repos favori des princes mazoviens, avant que ces derniers ne décident de s'établir sur la colline où se trouve désormais la Vieille Ville. Le site demeura toutefois un terrain de chasse princier, jusqu'à ce que la femme du roi Stefan Batory, Anna Jagiellonka, décide d'y faire construire une résidence royale à la fin du 16e s. ; celle-ci constitua la structure initiale du château, dont un **musée (Muzeum Zamku i Szpitala na Ujazdowie** - *www.zamekujazdowski.art.pl - gratuit)* retrace l'histoire.

Après le transfert de la capitale polonaise de Cracovie à Varsovie, le roi Sigismond III agrandit et modernisa le château. Bien que la structure du bâtiment soit de style Renaissance, l'axe élargi de l'entrée, les plans incurvés du toit et les tourelles décoratives font du château Ujazdowski un exemple type de baroque polonais, autrement appelé « le style Vasa ». Les deux grands escaliers incurvés reliant le château au canal construit dans son axe d'entrée datent de la première moitié du 18e s.
Le château ou Zamek, comme le nomment les Varsoviens, est aujourd'hui un **centre d'art contemporain (Centrum Sztuki Współczesnej** - *☎ 22 628 12 71 - www.u-jazdowski.pl - tlj sf lun. 12h-19h (jeu. 21h) - 12 PLN, gratuit le jeu.)* très actif, le deuxième de Varsovie après Zachęta. Accueillant régulièrement de grandes expositions internationales de peinture et de photographie, des performances, des concerts de jazz et de musique expérimentale, il présente les œuvres de la jeune garde polonaise. Haut lieu du milieu artistique contemporain, le Zamek abrite un restaurant branché (Qchnia Artystyczna, *voir p. 69*), un café, un cinéma d'art et d'essai, ainsi qu'une boutique et une librairie d'art.

PARC ŁAZIENKI★★

(Park Łazienkowski)

***EF7** www.lazienki-krolewskie.pl - de 8h au coucher du soleil (16h en hiver). L'accès au parc Łazienki se fait soit du parc Ujazdowski en traversant la rue Agrykola, soit par l'entrée principale, Al. Ujazdowskie 106.*
Ancien terrain de chasse attenant au château Ujazdowski, Łazienki fut acheté en 1760 par Stanislas Auguste Poniatowski, qui le transforma en un parc à l'anglaise.
À l'entrée principale du parc, le **monument à Chopin (Pomnik Chopina)**, conçu par le sculpteur W. Szymanowski en 1909, fut l'un des premiers dynamités par les Allemands en 1939, au titre de symbole de la culture polonaise. Aux beaux jours, on s'y presse pour écouter les concerts de musique classique qui se tiennent à ses pieds *(mai-sept. : dim. 12h et 16h)* ; la pièce d'eau circulaire, dont l'effet est de porter le son jusqu'aux auditeurs allongés alentour, ajoute au charme de ces manifestations où se produisent les plus grands artistes internationaux.
De l'autre côté de la voie principale se dresse l'élégant Belvédère.

Belvédère (Belweder)★

***E7** Ul. Belwederska 52 - Poss. de visite le dernier sam. du mois à 10h sur réservation : ☎22 827 61 65 ou belweder@europa-travel.pl.*
Initialement propriété de Stanislas Poniatowski qui y installa une manufacture de faïence, cette autre résidence royale, redessinée dans les années 1820 pour le gouverneur de Varsovie, devint la résidence officielle des chefs d'État polonais à la fin de la Première Guerre mondiale – à l'exception de l'interlude de la Seconde Guerre mondiale, pendant lequel s'y établit le gouverneur nazi Hans Frank. Le palais présidentiel a

Arpad Benedek/iStock

Le palais Łazienki ou palais sur l'Île.

été transféré en 1994 sur Krakowskie Przedmieście, mais le Belvédère est encore utilisé pour la réception des dignitaires officiels. Comme le palais présidentiel, le Belvédère (et ses deux expositions « Maréchal Joseph Piłsudski » et « Cabinet de l'Ordre Militaire Virtuti Militari ») peut se visiter en réservant à l'avance.

Musée Łazienki (Muzeum Łazienki Królewskie)★★

F7 *Le musée Łazienki comprend les édifices cités ci-dessous (billetterie dans le palais Łazienki) - ✆ 22 506 00 28 ou 50 424 37 83 - www.lazienki-krolewskie.pl - horaires et tarifs variables selon les sites - poss. de billet groupé pour 1 j. 45 PLN ou 3 j. 50 PLN - audioguide inclus.*

En descendant l'allée principale, on passe d'abord devant la **Maison Blanche (Biały Dom** - *de mi-avr. à mi-oct. : lun. 11h-18h, mar.-dim. 9h-18h ; fermé le reste de l'année - 6 PLN)*, où résida le comte de Provence, futur Louis XVIII, lors de son exil entre 1801 et 1804, puis l'ancien **corps de garde (Stara Kordegarda)**.

Palais Łazienki★★ ou palais sur l'Île (Pałac Na Wyspie) – *mi-avr. à mi-oct. : lun. 10h-14h, mar.-dim. 10h-18h ; reste de l'année : lun. 11h-16h, mar.-dim. 10h-16h, gratuit le jeu. - 25 PLN.* Cet édifice néoclassique, dessiné pour le roi Poniatowski, a été partiellement endommagé pendant la guerre, mais le mobilier et les collections, mis à l'abri, sont d'origine. Au

K. Zelazowski/age fotostock

Dans le parc Łazienki.

rez-de-chaussée, les décorations des murs de la Bathing Room rappellent que le palais n'était initialement qu'une « maison de bains » (*łazienki* en polonais), tandis que la salle de bal et la galerie des peintures témoignent des goûts classiques du roi et de sa qualité de collectionneur averti. Bien que l'armée allemande se soit emparée des plus belles pièces, dont trois Rembrandt, il demeure une intéressante collection de peintures hollandaises et flamandes. À l'étage, les anciens appartements privés du roi comportent un canevas de Bellotto représentant la maison de bains originale.

Face au palais, l'**amphithéâtre**, décor de ruines antiques sur une île et habité par les paons, accueille régulièrement des spectacles en été.

Un peu plus loin, la **Grande Officine (Podchorążówka)**, ancienne école d'entraînement des officiers, abrite le **musée Ignacy Jan Paderewski des Expatriés polonais** *(Muzeum Ignacego Jana Paderewskiego i Wychodźctwa Polskiego w Ameryce) - ouv. de mi-avr. à mi-oct. : lun. 11h-18h, mar.-dim. 9h-18h - gratuit),* qui fut inauguré en 1992 à l'occasion du rapatriement du corps du célèbre compositeur et homme politique exilé en Amérique.

En face, le **palais Myślewicki** *(lun. 10h-14h, mar.-dim. 10h-18h -10 PLN),* cadeau du roi à son neveu Józef Poniatowski, imite le décorum du palais principal de Łazienki.

En regagnant le côté nord du parc, on passe devant l'**Orangerie★ (Stara Pomarańczarnia** - *lun. 11h-18h, mar.-merc. et dim. 9h-18h, jeu.-sam. 9h-20h - 20 PLN*), l'un des rares théâtres en bois du 18e s. en Europe à conserver son décor d'origine (1788); il abrite désormais une galerie de sculptures.

Musée de la Chasse et de l'Equitation (Muzeum Łowiectwa i Jeździectwa)

F7 *Ul. Szwoleżerów 9 - ✆ 22 522 66 30 - www.muzeum.warszawa.pl - mai-sept. : mar.-vend. 10h-17h, w.-end 11h-18h; oct.-avr. : merc.-dim. 10h-15h - 15 PLN, gratuit le jeu.*

Aménagé dans les casernes situées à l'arrière du palais Myślewicki, ce musée ne manquera pas d'étonner les enfants et les amateurs de chasse. Ses importantes collections d'oiseaux et d'animaux empaillés, remarquablement mises en scène grâce à une muséographie très réaliste, sont présentées à travers trois expositions : « Le salon polonais de chasse des 19e et 20e s. », « Dans les champs et dans la forêt », qui offre un bon aperçu de la faune du pays (cerfs, lynx, loups, bisons, ours, etc.), et « Face à face », dédiée aux animaux des contrées plus lointaines. Dans les écuries voisines sont exposés de beaux attelages des 19e et 20e s.

Jardin botanique (Ogród Botaniczny UW)★

E7 *Al. Ujazdowskie 4 - ✆ 22 553 05 11 - www..garden.uw.edu.pl - avr.-août : lun.-vend. 9h-20h, w.-end 10h-20h; sept. : 10h-18h; oct. : 10h-17h - serres ouv. au public d'avril à sept. : merc.-vend. 10h-14h, w.-end 10h-17h - 8 PLN; billet combiné parc et serres 10 PLN.*

Face à l'**observatoire astronomique** du 19e s. **(Obserwatorium Astronomiczne),** ce jardin offre une promenade des plus agréables. Établi en 1818, le jardin compte une collection de plus de 5000 variétés de plantes; on notera tout particulièrement le jardin de roses et celui des herbes médicinales.

La Voie Royale continue ensuite vers Wilanów, en traversant le superbe quartier pavillonnaire de Mokotów.

À PROXIMITÉ DES PARCS

Mausolée de la Résistance et du Martyre (Mauzoleum Walki i Męczeństwa)

D7 *Ul. Szucha 25 (au coin de Al. Ujazdowskie et Armii Ludowej) - ✆ 22 629 49 19 - http://muzeum-niepodleglosci.pl - merc.-dim. 10h-17h - 10 PLN, gratuit le jeu.*

Rompant avec la quiétude des parcs voisins, l'ancien siège de la Gestapo rappelle à nouveau le triste sort de la capitale polonaise en commémorant les milliers de personnes torturées et assassinées ici pendant la guerre

Wilanów★★

Situé à une dizaine de kilomètres au sud de la Vieille Ville et du château royal, auquel il est relié par la Voie Royale, le palais de Wilanów – et ses magnifiques jardins – mérite amplement une visite et constitue un agréable lieu de promenade. Le roi Jean III Sobieski, à l'origine du projet à la fin du 17e s., a en effet souhaité faire de ce domaine un lieu de détente proche du siège du pouvoir. Surnommé « le Versailles polonais », ce chef-d'œuvre baroque est l'un des rares rescapés de la splendeur passée de Varsovie. C'est l'un des seuls édifices anciens à avoir échappé aux destructions de la Seconde Guerre mondiale.

▶**Accès :** En bus, lignes 116, 139, 163, 164 (arrêt Wilanów).
Plan rabat de couverture.
▶**Conseil :** Pour profiter de la visite gratuite du palais le jeudi, mieux vaut venir tôt, car le nombre de places est limité. La cour du palais est, quant à elle, toujours en accès libre (pendant les heures d'ouverture).

PALAIS DE WILANÓW - MUSÉE DU ROI JEAN III★★

(Pałac Wilanowski - Muzeum Pałacu Króla Jana III w Wilanowie)
Ul. Stanisława Kostki Potockiego 10/16 - ✆ 22 544 27 00 - www.wilanow-palac.art.pl - avr.-mi-oct. : lun., merc., sam.-dim. 9h30-18h, mar., jeu. et vend. 9h30-16h ; reste de l'année 9h30-16h sf mar. - 20 PLN, gratuit le jeu. - audioguide (en français) 12 PLN - visite guidée sur RV (100 PLN).
Élevé au cours du dernier tiers du 17e s. et agrandi par ses propriétaires successifs, le palais est un exemple caractéristique des résidences secondaires baroques « entre cour et jardin ». À l'origine, Jean III Sobieski se fit construire sa résidence d'été qu'il baptisa Vila Nova – nom qui devint Wilanów au fil des ans.
En 1799, **Stanisław Kostka Potocki** en devint propriétaire. Collectionneur et mécène, il créa à Wilanów l'un des premiers musées publics du monde. Après la Seconde Guerre mondiale, le palais fit l'objet d'énormes travaux de rénovation. Il fut rouvert au public en 1962 après que le gouvernement polonais eut pu récupérer une grande partie des œuvres d'art prises par les Allemands. Il a été à nouveau rénové, après des fouilles archéologiques.
Les différents ornements extérieurs ainsi que les peintures et sculptures des intérieurs sont remarquables. Sculptures et bas-reliefs de la façade sont inspirés de l'Antiquité et font l'apologie de la famille Sobieski et des succès militaires du roi.
À l'intérieur du palais, trois grands styles architecturaux cohabitent. Dans la partie centrale, les salles baroques

M. Borgese/hemis.fr

Le palais de Wilanów, de style baroque.

originales du roi, dans l'aile sud et dans le pavillon adjacent au palais, les intérieurs du 18e s. et, enfin, dans l'aile nord, la partie la plus récente, décorée et modifiée au 19e s. par les Potocki. On commence la visite au premier étage par la **galerie des portraits**, intéressante surtout pour les nombreux portraits posthumes qui étaient apposés sur les cercueils, une spécificité polonaise. Après la grande Chambre cramoisie et le Cabinet étrusque, on pénètre dans la partie la plus ancienne du palais. Le **musée Potocki** y est installé ; la plaque de marbre portant l'inscription « *cunctis patet ingressus* » (accessible à tous) rappelle l'esprit précurseur dans lequel ces œuvres avaient été offertes au regard du public. La visite se poursuit au rez-de-chaussée par les **appartements du roi**, sa chapelle et sa bibliothèque.

JARDINS★

Avr.-sept. : de 9h au coucher du soleil - 5 PLN, gratuit le jeu.

Les jardins se trouvent à l'arrière du palais. Dessinés à la française, ils occupent une terrasse à deux niveaux ornée de sculptures symbolisant les quatre étapes de l'amour (la réserve, le premier baiser, l'indifférence et la première dispute). Le cadran solaire très original est l'œuvre du grand astronome polonais Jan Heweliusz, inventeur du télescope.

Passé l'**Orangerie**, où se tiennent des expositions temporaires *(prix et horaires d'accès selon les expositions)*, s'étend un parc à l'anglaise, décoré de sarcophages, de colonnes et d'obélisques. Un pont romain, un kiosque chinois et la salle des pompes y évoquent à la fois l'Antiquité, l'art oriental et le Moyen Âge.

MUSÉE DE L'AFFICHE ★

(Muzeum Plakatu)
Ul. Stanisława Kostki Potockiego 10/16 - ✆ 22 842 48 48 - www.postermuseum.pl - lun. 12h-16h, mar., jeu.-vend. 10h-16h, merc., w.-end 10h-18h - 11 PLN, gratuit le lun.
Ce musée, installé depuis 1968 dans un bâtiment moderne juste à côté du palais, est dédié à l'art de l'affiche, dans lequel les Polonais se sont toujours distingués. Qu'elles soient réalisées pour la publicité, le cinéma, le théâtre, la politique ou le tourisme, les affiches de la collection sont si nombreuses (55 000) qu'elles sont présentées par roulement sous forme d'expositions temporaires à thème.

Piotr Syndoman/Muzeum Plakatu w Wilanowie

Le musée de l'Affiche.

Żoliborz

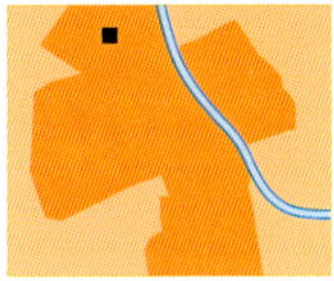

Situé au nord de la Nouvelle Ville, le quartier de Żoliborz a été largement épargné par les destructions de la Seconde Guerre mondiale. C'est, de longue date, une zone résidentielle paisible et huppée. Son nom viendrait du français « joli bord » et aurait été donné par Marie Sobieska, petite fille du roi Jean III Sobieski, qui trouvait ces alentours de la ville à son goût.

▶**Accès :** En métro, ligne M1 (station Plac Wilsona) ou Dworzec Gdański pour la citadelle. Depuis le métro, prenez la rue Krasińskiego vers l'ouest et tournez à gauche dans la rue Hozjusza.
Plan rabat de couverture.
▶**Conseil** : Ce quartier très vert présente moins d'intérêt pour un court séjour. Vous pouvez par exemple y faire un saut avant de gagner Praga (p. 58).

MUSÉE DU SERVITEUR DE DIEU, PÈRE JERZY POPIEŁUSZKO

(Muzeum Sługi Bożego Ks. Jerzego Popiełuszki)
Ul. Hozjusza 2 - ✆ 22 561 00 56 - muzeumkspopieluszki.pl - lun.-vend. 10h-16h, w.-end 10h-17h - gratuit.
L'**église Saint-Stanislas (Kościół Św. Stanisława Kostki)** abrite la tombe et le musée consacré à la vie et au martyre de cet homme proche de Solidarność, battu à mort et noyé par la police politique en 1984.

ŻOLIBORZ OFICERSKI

La **rue Śmiała** est la plus longue de la zone qu'habitaient les officiers de l'armée polonaise. S'y trouvent les demeures les plus caractéristiques de l'atmosphère des années 1920 et du « style manoir » avec ses toitures élevées, ses frontons triangulaires, ses portiques à colonnes et parfois des arcs gothiques (nos 66-72 et 71-77). Elle se termine par la **place Słoneczny**, une place censée représenter un cadran solaire, les 12 maisons attenantes recevant l'ombre du grand arbre central à différentes heures de la journée.

CITADELLE★

(Cytadela)
Elle fut bâtie par le tsar Nicolas Ier entre 1832 et 1836 après l'échec de l'insurrection de Novembre, pour servir de prison pour les patriotes polonais. Une partie abrite le **musée de Katyń**★ *(Muzeum Katyńskie - Jana Jeziorańskiego 4 ✆ 261 878 342 - merc. 10h-17h, jeu.-dim. 10h-16h, gratuit)* dont la visite émouvante évoque les massacres perpétrés sur ordre de Staline en 1940. Les passionnés d'histoire approfondiront leur connaissance du front polonais de l'Est pendant la Seconde Guerre mondiale.

Praga

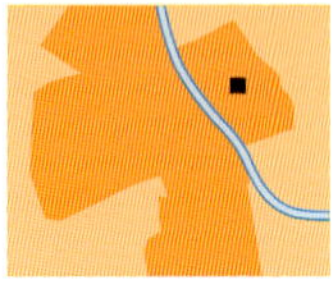

Situé sur la rive droite de la Vistule, le quartier de Praga, traditionnellement ouvrier et populaire, a ses partisans… et ses détracteurs. Parmi les rares de la ville à avoir échappé aux destructions de la Seconde Guerre mondiale, il concentre les plus vieux immeubles de Varsovie et présente un visage contrasté entre bâtiments délabrés, édifices rénovés et constructions modernes. Praga offre un certain parfum d'authenticité et constitue une escapade intéressante hors du circuit touristique traditionnel.

▶**Accès :** En tramway, lignes 4, 13, 18, 20, 23, 25, 26 (arrêt Dworzec Wileński) ou en métro, ligne M2 (station Dworzec Wileński).
Plan détachable EF2-3.
▶**Conseil :** Dans les cours de nombreux immeubles, vous découvrirez de petits autels dédiés à la Vierge ou à des saints, la plupart érigés pendant l'occupation allemande, à une époque où il était particulièrement dangereux de s'aventurer hors de chez soi. N'oubliez pas que tous ces lieux sont habités et faites preuve de discrétion afin de ne pas perturber l'intimité de leurs occupants.

PLACE WILEŃSKI

(Plac Wileński)

E2 Sur la place, l'**église orthodoxe Sainte-Marie-Madeleine★ (Cerkiew Św. M. Magdaleny)**, bel édifice ocre et or construit en 1869 pour le culte des cheminots de la gare Wileński, reste l'un des plus beaux vestiges de la présence russe à Varsovie : elle conserve une large structure néobyzantine, surplombée de dômes oignons.

PARC PRASKI

(Park Praski)

E2 De l'autre côté de l'avenue Solidarności, ce vaste espace, aménagé dans le dernier tiers du 19e s., est depuis longtemps un lieu de promenade apprécié des Polonais. Il est célèbre pour ses plantigrades : depuis 1949, plus de 400 **ours bruns** ont été élevés ici avant d'être transférés dans des zoos aux quatre coins du monde. En 1928, le parc fut amputé lors de la création du zoo mitoyen.

JARDIN ZOOLOGIQUE

(Miejski Ogród Zoologiczny)

D2 *Ul. Ratuszowa 1/3 - ☎ 22 619 40 41 - www.zoo.waw.pl - déc.-janv. : 9h-15h30 ; fév., nov. : 9h-16h ; mars, oct. : 9h-17h ; avr.-sept. : 9h-18h (sam., dim., j. fériés 19h) - juin-août : 26 PLN ; , mars-mai et sept.-oct. : 25 PLN ; nov.-fév. : 15 PLN.*
Il abrite plus de 5 000 animaux (près de 500 espèces), parmi lesquels des éléphants, des lions, des dauphins, ainsi que des reptiles et des oiseaux.

On peut assister aux repas des animaux. Le zoo servit aussi de cache à de nombreux Juifs pendant la guerre, grâce à l'implication de son ancien et célèbre directeur, Jan Żabiński... et de son épouse Antonina, dont l'histoire est retracée dans un livre (2016) et un film (2017), *La Femme du gardien de zoo.*

QUARTIER DES ARTISTES

(Dzielnica Artystów)

EF2 *Il s'étend dans le périmètre nord-est du quartier, entre les rues Targowa,* 11 Listopada et Konopacka.

Attirés par ces usines et immeubles abandonnés dans lesquels ils ont installé leurs ateliers, des peintres, sculpteurs, comédiens font renaître Praga depuis les années 1990. La rue Ząbkowska, encore récemment considérée comme des plus malfamées, a été rénovée. Au n° 27/31, la **distillerie Koneser**, belle construction néogothique en brique rouge (1897) régalait les amateurs de vodka jusqu'en 2007. Le lieu doit être à terme transformé en espace culturel (koneser.eu/en/the-project). Au n° 50 de la rue Targowa s'élève le plus vieil immeuble du quartier (1819), devenu le **musée de Praga** (Muzeum Warszawskiej Pragi - *✆ 22 518 34 30 -www.muzeumpragi.pl - tlj sf lun. 10h-18h, 20h jeu. - 15 PLN, gratuit le jeu, audioguide en anglais - agréable café dans la cour*). Il retrace l'histoire

Y. Travert/Photononstop

Ancienne distillerie de Vodka, transformée en musée.

de cette partie de la ville depuis le 18e s. De nombreux documents et cartes postales anciennes donnent à voir à quoi ressemblait Praga, faubourg agricole et de petits ateliers jusque dans les années 1920-1930 et l'installation de manufactures. Jetez un œil aux fresques découvertes récemment, qui témoignent de la présence d'une maison de prière juive (bâtiment accessible dans la cour).

Juste à côté, au n°54 de la rue Targowa, se tient le **bazar Różyckiego**, le plus ancien de Varsovie. Établi en 1874, il n'est plus que l'ombre de lui-même et on n'y vend plus, à l'occasion, que des vêtements très bon marché.

MUSÉE DES NÉONS★

(Muzeum Neonów)

Accès par le bus 135 depuis la place Wileński (arrêt Bliska) - Ul. Mińska 25, Soho Factory, bâtiment 55 - ☏ 665 711 635 - www.neonmuzeum.org- merc.-dim. 12h-17h - 10 PLN.

Unique en son genre en Pologne, ce musée privé s'est donné pour mission de collecter, restaurer et présenter des néons de l'époque communiste qui ont progressivement disparu du paysage urbain. Comme un voyage dans le temps, à travers une signalétique et des marques qui n'existent plus…

Le musée est situé dans le quartier de Kamionek, aujourd'hui sous-district de Praga-Sud, où se concentraient autrefois les industries de la ville. Il est justement installé dans l'un des bâtiments de la **Soho Factory**, grand complexe industriel qui regroupa un temps des usines métallurgiques. Aujourd'hui désaffecté, il accueille cabinets d'architectes, designers, restaurants (dont l'excellent Warszawa Wschodnia, voir « Nos adresses », p. 70) et constitue un pôle d'attraction en plein essor *(www.sohofactory. pl)*.

Les plages de Praga

Les efforts de développement les plus récents des berges de la Vistule se sont portés sur la rive gauche avec l'aménagement des « boulevards », mais la rive droite, plus sauvage, compte aussi plusieurs plages naturelles qui attirent un public varié à la belle saison, comme c'était déjà le cas dans les années 1920-1930. Certes, on ne se baigne pas mais on peut profiter d'un transat ou d'un barbecue, voire d'une boîte de nuit, le soir venu.

- Plage du Stade, près du pont Poniatowski (trams n° 7, 8, 9, 22, 24, 25, arrêt « Most Poniatwoskiego », puis traverser le pont).

- Plage Praga Nord, au nord du pont Śląsko-Dąbrowski (trams. n° 4, 13, 20, 23, 26, arrêt « Park Praski », puis traverser le parc en direction du fleuve. La plage se trouve près de l'intersection du Wybrzeże Helskie et de la rue Ratuszowa).

- Plage de Praga Sud – Saska Kępa, au nord du pont Łazienkowski (bus n° 138, arrêt « Katowicka »; l'accès se fait par un chemin partant de Wał Miedzeszyński au niveau de la rue Kryniczna).

En saison, des navettes fluviales gratuites effectuent aussi la liaison entre les deux rives et les différentes plages.

Autour de Varsovie

Deux ambiances très différentes attendent les visiteurs qui s'aventurent dans les environs de la ville. À Żelazowa Wola, on célèbre le souvenir de Chopin, né dans ce tranquille village ; à Treblinka, celui des milliers de personnes, en grande partie issues du ghetto de Varsovie, qui y ont été déportées.

▶**Conseil :** Préférez la belle saison pour visiter la maison de Chopin. Vous profiterez ainsi de la beauté du parc mais aussi des navettes (voir p. 28). Pour la visite de Treblinka, le plus simple consiste à suivre un tour organisé.

ŻELAZOWA WOLA

À 54 km à l'ouest de Varsovie. D'avr. à oct. : navettes du Chopin Pass (rens. au musée Frédéric-Chopin, p. 28 - www.chopinpass.com ; hors saison se renseigner auprès de ces mêmes organismes). En voiture : route 580. En train : de Warszawa Śródmieście jusqu'à Sochaczew et bus ligne 6.

Maison natale de Frédéric Chopin (Dom Urodzenia Fryderyka Chopina)★

Żelazowa Wola 15 - ✆ 46 863 33 00 - http://chopin.museum/en - musée et parc ouv. avr.-sept. : tlj sf lun. 9h-19h ; oct.-mars : tlj sf lun. 9h-17h - 23 PLN, gratuit le mer.

Maison natale de **Frédéric Chopin** *(voir aussi p. 118)*, ce manoir est transformé en musée qui abrite cependant peu d'objets personnels ou d'origine. Cette belle bâtisse de la fin du 19e s. appartenait à l'origine au domaine du comte Skarbek, où le père du musicien était précepteur.
Le parc attenant sert de cadre à des concerts de plein air donnés par des étudiants d'écoles de musique *(sam., juil.-août)* et des interprètes renommés *(dim., mai-sept.)*.

MÉMORIAL DE TREBLINKA

(Muzeum Walki i Męczeństwa w Treblince)

À 100 km au nord-est de Varsovie. Prendre le train jusqu'à Małkinia et le taxi pour les 8 km restants (40 PLN). 08-330 Kosów Lacki - ✆ 25 781 16 58 - www.treblinka-muzeum.eu - 9h-18h30 - 6 PLN.

Ce mémorial est un hommage aux 750 000 Juifs qui y ont trouvé la mort. Construit à côté du camp de travail Treblinka I, le camp d'extermination Treblinka II, en activité de juillet 1942 à novembre 1943, était entièrement dédié à la « solution finale ».
Couvrant 17 ha, il était séparé en deux zones : l'une était réservée à l'hébergement des SS, l'autre aux trois chambres à gaz initiales bientôt augmentées de dix supplémentaires. Du train, les déportés étaient dirigés vers les chambres à gaz, puis leurs corps incinérés. De 12 000 à 17 000 personnes pouvaient être ainsi éliminées par jour.

Nos adresses

Terrasses de restaurants dans la Vieille Ville.
MACIEJ NOSKOWSKI/iStock

Se restaurer

La capitale polonaise s'est largement ouverte aux cuisines du monde, avec une nette préférence pour la gastronomie italienne, moyen-orientale, les sushis et les mets végétariens (c'est la 3e ville au monde en terme de choix de restaurants vegan et végétariens !), mais elle n'oublie pas sa cuisine traditionnelle, renouvelée et allégée dans des restaurants modernes. À Varsovie, bien manger est une affaire sérieuse, comme vous vous en rendrez compte rapidement. Typiques de la Pologne communiste, les « bars à lait » *(bars mleczny)*, qui ont pour certains survécu, permettent de se nourrir très correctement pour quelques euros *(voir p. 94)*. Les restaurants de la Vieille Ville ne sont pas exceptionnels et il faut s'éloigner un peu de cet hyper centre touristique pour trouver une cuisine plus originale et raffinée. La rue *Hoża* ***CD6*** et ses environs, ainsi que la rue Foksal ***C5*** sont de véritables mines !

Bon à savoir – La scène gastronomique change souvent à Varsovie. Consultez le site http://warsawfoodie.pl pour connaître les derniers endroits tendance.

Voir « Restauration », dans la partie « Varsovie Pratique », p. 94.

Repérez les adresses sur nos plans grâce aux pastilles numérotées (ex. 1). Les coordonnées en rouge (ex. C2) font référence au plan détachable (à l'intérieur de la couverture).

LA VIEILLE VILLE

***Plan I** p. 16-17*

De 35 à 70 PLN

1 **Bazyliszek** – **C3** - *Ryneck Starego Miasta 1/3 - 22 831 18 41 - http://bazyliszek.waw.pl - 11h-0h - env. 60/80 PLN.*Ce restaurant de tradition familiale propose un large choix de spécialités polonaises dans des salles décorées par thème. Réservez plutôt une table avec vue sur la place et faites-vous expliquer la légende du dragon qui figure en enseigne. POUR ESSAI MICHELIN

2 **Piwna Kompania** – **C3** - *Podwale 25 - 22 635 63 14 - www.podwale25.pl - lun.-sam. 11h-1h, dim. 12h-0h - env. 50 PLN.*Cette immense taverne populaire affiche le meilleur rapport quantité-prix de la Vieille Ville. Cuisine traditionnelle familiale servie dans de très généreuses proportions. Le soir, évitez la salle du fond, extrêmement bruyante. Agréable cour fleurie pour les beaux jours.

De 70 à 140 PLN

28 **Warszawski Sznyt** – **C3** - *Ul. Senatorska 2 - 609 608 010 - http://warszawskisznyt.pl - tlj 8h-0h - 70/100 PLN.*Situé à l'orée de la Vieille Ville, avec une belle terrasse donnant sur la place du Château, ce restaurant s'est fait une spécialité de viandes. On y mange d'excellents burgers mais aussi des salades et

Un repas dans un lieu insolite

C'est possible à Varsovie, et même de plus en plus facile avec la transformation de certains édifices et des innovations intéressantes.

***Hala Koszyki** - ul. Koszykowa 63 B6 – https://koszyki.com-9h-21h, 22h ou minuit (selon les restaurants). Cet ancien marché couvert du début du 20e s. a été reconverti tout en conservant une vocation alimentaire : on peut y acheter des produits de bouche de qualité, mais surtout y manger dans l'un des restaurants qui s'y sont installés (une trentaine, du stand pour grignoter sur le pouce à l'établissement raffiné de Mateusz Gessler), tout en admirant une exposition.*

***Hala Gwardii** - Pl. Żelaznej Bramy 1 B4 -https://halagwardii.pl - lun.-sam. 9h-20h (marché), 11h-1h (stands et boutiques), 9h-1h (brasserie), dim. 10h-17h, 11h-23h, 9h-23h. Cette halle, jumelle de la Mirowska (voir p. 76) et laissée à l'abandon de longues années, a elle aussi repris du service sur le même principe que la précédente qui est plus chic.*

***Marché de nuit** (Nocny Market)- jeu. 17h-0h, vend.-sam. 17h-1h, dim. 16h-23h - Pl. Zawiszy A6 puis suivre l'allée avec l'immeuble marqué « Warszawa Główna » - tram lignes 7, 9, 22, 24,25 ou Métro M2 Rondo Daszyńskiego - www.facebook.com/nocnymarket. Un marché de nuit dans une gare désaffectée ! Les différents stands de street food sont installés dans d'anciens wagons. Bon, original et décontracté.*

***Food trucks** - Varsovie n'échappe pas à la mode ! Ils ont même leur festival au printemps lorsque plusieurs dizaines d'entre-eux se rassemblent le temps d'un week-end. Rens. : www.facebook.com/zarcienakolkach*

des spécialités polonaises. La salle à l'étage est un peuplus formelle et accueille un pianiste live en soirée. Belle carte des vins.

5 **U Fukiera** – **C3** - *Rynek Starego Miasta 27 - ☏ 22 831 10 13 - http://ufukiera.pl - 12h-0h - env. 100 PLN.*Créé par Magda Gessler, « papesse » de la cuisine polonaise à la tête d'un véritable empire, ce restaurant très renommé est installé dans l'hôtel particulier où les Fugger, célèbres banquiers bavarois, faisaient commerce de vin. Il se compose de trois majestueuses salles éclairées aux chandelles et d'une superbe cour intérieure. Carte sophistiquée et service impeccable.

LA NOUVELLE VILLE

***Plan I** p. 16-17*

Plus de 140 PLN

6 **La Rôtisserie (Restaurant de l'hôtel Le Regina)** – **C2** - *Ul. Kościelna 12 - ☏ 22 531 60 70 - www.rotisserierestaurant.com - 12h-22h - formule déj. en sem. à partir de 78 PLN et linner (lunch-dinner) le dim. à 185 PLN, menu dégustation à partir de 174 PLN.* P ♿
Cet excellent restaurant, qui propose une cuisine d'inspiration française, mérite vraiment une visite. Agréable terrasse intérieure aux beaux jours.

LA VOIE ROYALE

***Plan II* p. 36-37**

De 35 à 70 PLN

8 **Oto-Sushi** – **D5** - *Ul. Nowy Świat 46 - ✆ 22 828 00 88 - www.oto-sushi.pl - 12h-23h (vend.-sam. 0h) - formule déj. en sem. à partir de 33 PLN - carte à partir de 50 PLN.*Si ce restaurant est apprécié pour sa situation, sur les « Champs-Élysées » de Varsovie, il l'est tout autant pour la qualité de ses produits, la variété de ses compositions et ses prix raisonnables.

34 **Falla** – **D4** - *Ul. Oboźna 9 - ✆ 517 161 727 - 12h-22h (23h vend.-dim.) - moins de 40 PLN.*Un restaurant vegan à la mode moyen-orientale : hummus, falafel, harira... Le tout servi dans un cadre très épuré. Le concept est un vrai succès.

Plus de 70 PLN

9 **Chianti Trattoria Włoska** – **D5** - *Ul. Foksal 17 - ✆ 22 828 02 22 - http://kregliccy.pl/chianti/- 12h-23h - à partir de 80 PLN.*Autre dynastie de restaurateurs locaux, les Kręglicki sont à l'origine de plusieurs restaurants dont cet excellent italien où tout est parfait du début à la fin, service et décor compris. Petite terrasse en été.

11 **Tamka 43** – **D4** - *Ul. Tamka 43 - entrée par la place Na Rozdrożu - ✆ 22 441 62 34 - www.tamka43.pl - 12h-22h (rest.) ; 10h-22h (café et bar à vins) - 100/160 PLN - menus dégustation à partir de 150 PLN - réserv. recommandée pour le dîner.* Situé dans le centre Chopin, ce restaurant à la mode, pionnier dans la cuisine moléculaire en Pologne, s'est taillé une belle réputation. La carte change régulièrement.

31 **Bez Gwiazdek** – **D4** - *Ul. Wiślana 8 - ✆ 22 628 04 45 - www.facebook.com/bezgwiazdek - 18h-0h fermé dim.-lun. - menu dégustation unique à partir de 90 PLN.*L'idée de ce restaurant : mettre en avant chaque mois des spécialités d'une région polonaise, revisitées au goût du jour. C'est inventif et absolument délicieux.

AUTOUR DU PALAIS DE LA CULTURE ET DES SCIENCES

***Plan I et II* p. 16-17 et p. 36-37**

Moins de 35 PLN

12 **Bambino** – **D6** - *Ul. Hoża 19 - ✆ 22 625 16 95 - www.barbambino.pl - 💳̸ - lun.-vend. 8h-20h, sam. 9h-17h - 15 PLN.*Le bar à lait de référence : une nourriture simple et généreuse servie en quantité à une clientèle hétéroclite. Une adresse chaleureusement recommandée pour le passage incontournable dans ces ex-cantines de l'époque communiste.

29 **Prasowy** – **D7** - *Ul. Marszałkowska 10/16 - ✆ 666 353 776 - lun.-vend. 9h-20h, sam.-dim. 11h-19h - 15 PLN.*Même genre que le précédent, dans un décor modernisé, clair et agréable. Cuisine roborative et de qualité.

De 35 à 70 PLN

4 **Cafe Kulturalna** – **C5** - *Pl. Defilad 1 - palais de la Culture et des Sciences (côté Marszałkowska ; entrée à gauche*

D. Hyniewska/age fotostock

Restaurant dans le quartier du château.

de l'entrée principale du palais, suivez les flèches rouges) - ✆ 22 656 62 81 - www.kulturalna.pl - 12h-dernier client (cuisine jusqu'à 23h) - à partir de 50 PLN. Ce paisible café à l'atmosphère littéraire et artistique permet de pénétrer dans l'enceinte du palais de la Culture et de se faire une idée de ses intérieurs. Concerts et vernissages y sont régulièrement organisés en soirée.

14 **Chłopskie Jadło** – ***D6*** - *Plac Konstytucji 1 - ✆ 22 339 17 17 - www.chlopskiejadlo.pl - 12h-23h, dim. 12h-22h - formule déj. en sem. 20 PLN - carte à partir de 40 PLN.* Ne manquez pas cette chaîne de restaurants dont la spécialité est la « cuisine paysanne ». Les placki (galettes de pommes de terre) et le smalec (lard, spécialité de la maison) sont excellents et les portions, énormes, sont servies avec de larges miches de pain frais posées à même les grandes tables en bois. Le service est rapide et l'atmosphère conviviale. Très réputé et souvent plein.

18 **Izumi Sushi** – ***D6*** - *Ul. Mokotowska 17 - ✆ 22 825 79 50 - www.izumisushi.eu - lun.-jeu. 12h-23h (vend.-sam. 0h, dim. 22h) - formule déj. à partir de 39 PLN, dîner sushi à partir de 69 PLN.* Les sushis sont à la mode en Pologne et ce sushi-bar à la décoration contemporaine est d'excellente qualité. Plusieurs adresses en ville dont Al. Jerozolimskie 61/63, près du métro Centrum (5C).

19 **Hoża** – ***D6*** - *Ul. Hoża 25A - ✆ 515 037 001 - www.hoza.warszawa.pl - lun.-jeu. 12h-23h, vend. 12h-0h, sam. 13h-0h, dim. 13h-22h - à partir de 80 PLN.*Les murs de ce steakhouse argentin en briques apparentes sont peints dans des couleurs vives et ses étagères exposent de très nombreuses bouteilles de vin. Le personnel est de bon conseil et les steaks argentins ou polonais excellents.

33 **Youmiko Sushi** – ***C6*** - *Ul. Hoża 62 - ✆ 22 404 67 36 - www.facebook.com/youmiko.vg - 12h-22h (23h vend.-sam., 21h dim.) - menu dégustation 69 PLN.*Des sushis vegan ? Aussi inattendu que cela puisse paraître, c'est ce que propose ce restaurant qui rencontre un franc succès. Explosions de couleurs et de saveurs inédites. Une réussite.

35 **MOMU** – ***C3*** - *Ul. Wierzbowa 9/11 - entrée par pl. Teatralny - ✆ 506 100 001 - lun.-jeu. 9h-23h, vend. 9h-1h, sam. 10h-1h, dim. 10-22h - 40/60 PLN.*Le bois vient de la forêt de Łomianki, dans les environs de Varsovie, et alimente une cheminée où la plupart des mêts porposés sont grillés ou fumés ! Bon et original. C'est aussi un beau bar dans un décor aux murs de briques apparentes. Musique live le vend. et le sam. soir.

De 70 à 140 PLN

20 **Butchery and Wine** – ***D5*** - *Ul. Żurawia 22 - ✆ 22 502 31 18 - www.butcheryandwine.pl - lun.-sam. 12h-22h (dim. 20h) - à partir de 100 PLN.*Composé d'une salle étroite avec cuisine ouverte, ce bistrot moderne géré avec enthousiasme fait honneur à sa devise : « Aimez ce que vous mangez ». Comme son nom l'indique, la viande (en particulier le bœuf, servi sur des planches en bois) est ici à l'honneur, tout comme le vin, exposé sur des étagères vitrées. Le personnel de service est vêtu de tabliers de bouchers !

22 **ELIXIR by Dom Wódki** – ***C3*** - *Ul. Wierzbowa 9/11 - entrée par pl. Teatralny - ✆ 22 828 22 11 - www.domwodki.pl - 12h-0h - 80/130 PLN.*À deux pas de la Voie Royale, voici un endroit à ne pas manquer pour les amateurs de vodka ou ceux qui voudraient mieux connaître cet alcool. La carte comprend plus de 500 références et propose des associations avec les plats.

23 **Delizia** – ***C6*** - *Ul. Hoża 58/60 - ✆ 22 622 66 65 - http://delizia.com.pl - à partir de 130 PLN.*Un restaurant italien de quartier sans prétention, tenu par des amis et géré comme une entreprise familiale. Les pâtes sont la spécialité maison et le poisson et le fromage sont directement importés d'Italie.

SUR LES TRACES DE LA VARSOVIE JUIVEI

Plan détachable

Plus 70 PLN

37 **Czerwony Wieprz** – ***A4*** - *Ul. Żelazna 68 - ✆ 22 850 31 44 - www.czerwonywieprz.pl - tlj 12h-0h - à partir de 70 PLN.*Le communisme est mort, vive le communisme ! "Le

sanglier rouge" surfe sur la vague rétro avec son décor et sa carte de cuisine polonaise qui se partage entre les plats pour les dignitaires et la bourgeoisie, et ceux pour les prolétaires.

36 **Winosfera** – ***A4*** - *Ul. Chłodna 31 - ✆ 22 526 25 00 - http://winosfera.pl - tlj sf dim. 12h-23h - formule déj. en sem. à partir de 39 PLN, carte à partir de 100 PLN.*Un endroit atypique qui mêle un restaurant raffiné, un cinéma, une galerie d'art, un piano bar... et bien sûr une boutique de vins, le tout installé dans un ancien espace industriel joliment réaménagé.

LES PARCS UJAZDOWSKI ET ŁAZIENKI

Plan détachable

De 35 à 70 PLN

7 **Rożana** – ***D8*** - *Ul. Chocimska 7 - ✆ 22 848 12 25 - www.restauracjarozana.com.pl - 12h-0h - formule déj. en sem. 42 PLN, menus 160/176 PLN.*Ce restaurant raffiné à l'ambiance traditionnelle et familiale est typique de la Restauracja Polska. Vous y découvrirez la cuisine polonaise et un chariot de desserts maison. Agréable jardin. Service professionnel. Pianiste en soirée.

De 70 à 140 PLN

24 **Qchnia Artystyczna** – ***E6*** - *Ul. Jazdow 2 - Zamek Ujazdowski - ✆ 22 625 76 27 - http://qchnia.pl - 12h-22h (23h jeu.-sam.) - env. 100 PLN.*Logé dans le centre d'art contemporain, ce restaurant, création de Magda Gessler, est l'un des plus atypiques de Varsovie. Il propose une cuisine polonaise modernisée et des plats plus internationaux, élégamment servis dans un décor épuré et repensé à chaque nouvelle exposition du centre d'art. Les galettes de pommes de terre au saumon (placki z łososiem) sont immanquables. Superbe terrasse en été.

25 **Belvedere** – ***F7*** - *Parc Łazienki - Ul. Agrykola 1 - entrée par la rue Parkowa Parc Łazienki - ✆ 22 558 67 01 - www.belvedere.com.pl - 10h-23h (20h dim.) - formule déj. à partir de 71 PLN en sem. et 129 PLN le dim. - carte env. 170 PLN.*Le restaurant le plus chic de la capitale affiche une carte exemplaire et offre un cadre exceptionnel, à lui seul susceptible de justifier les prix élevés : au cœur du parc Łazienki, dans l'Orangeraie, où la végétation luxuriante, la volière suspendue et le jardin d'hiver créent une atmosphère unique. Superbe brunch dominical.

Plus de 140 PLN

26 **Atelier Amaro** – ***E7*** - *Ul. Agrykola 1 - ✆ 22 628 57 47 - www.atelieramaro.pl - tlj sf dim. 18h-22h30 - formule déj. à partir de 145 PLN, menu dîner à partir de 290 PLN.*Sols en marbre et tables espacées caractérisent cet élégant restaurant bordant le parc. D'après son chef, c'est ici que la nature rencontre la science ; attendez-vous donc à des produits de première qualité et à une cuisine innovante qui utilise des techniques modernes avec savoir-faire. Service précis et discret.

Mateusz Gessler/Warszawa Wschodnia

Salle du restaurant Warszawa Wschodnia.

PRAGA

Plan détachable

De 35 à 70 PLN

27 **Le Cèdre 61** – ***E2*** - *Al. Solidarności 61 - (au niveau de l'arrêt de tramway Praski, juste après le passage de la Vistule) - ✆ 22 670 11 66 - www.lecedre.pl - 11h-23h - formules mezze à partir de 150 PLN - carte env. 60 PLN.* Un des rares restaurants de Praga qui sert une excellente nourriture libanaise dans un décor oriental. Le lieu a fait des émules et possède désormais d'autres succursales, dont l'une ul. Grzybowska 5A, derrière la synagogue (4B) avec une formule déj. à 22PLN.

32 **Pyzy Flaki Gorace** – ***F2*** - *Ul. Brzeska 29/31 - ✆ 606 294 499 - tlj 12h-22h - moins de 40 PLN.* Harengs, boulettes de viandes, tripes, nouilles et autres nourritures roboratives de la cuisine populaire traditionnelle servies dans une salle claire et agréable. Bon et sans prétention.

Plus de 70 PLN

30 **Warszawa Wschodnia** – ***H3*** - *Ul. Mińska 25, Soho Factory - ✆ 22 870 29 18 - www.mateuszgessler.com.pl - 24h/24 - 90/120 PLN.* Ce restaurant ouvert par Mateusz Gessler, l'une des stars de la nouvelle cuisine polonaise, est situé dans le complexe branché de Soho Factory. Le lieu est divisé en plusieurs espaces, dont une belle terrasse et un comptoir organisé autour d'une cuisine ouverte. On y déguste des spécialités polonaises modernisées et des plats d'influence méditerranéenne.

Prendre un verre

Varsovie ne manque pas d'endroits où prendre un verre ou faire une pause. Si vous cherchez l'originalité, allez du côté du centre-ville, derrière Nowy Świat, où se cachent dans un passage (n°s 22, 24, 26 ou 28) entre les immeubles d'anciens ateliers d'artisans reconvertis en bars avec chacun sa propre ambiance. Aux beaux jours, rien de plus agréable que d'aller siroter une bière ou un cocktail au bord de la Vistule, sur une péniche ou dans l'un des bars de plage éphémères qui envahissent les berges *(voir p. 12 et p. 32).*

Bon à savoir – L'appellation Café cache bien souvent également un restaurant, où il est possible de faire un vrai repas.

Repérez les adresses sur nos plans grâce aux pastilles numérotées (ex. 1). Les coordonnées en rouge (ex. C2) font référence au plan détachable (à l'intérieur de la couverture).

LA NOUVELLE VILLE

Plan I p. 16-17

2 **Galeria Freta** – **C2** - *Ul. Freta 39 - 22 831 02 35 - www.galeriafreta.pl - 10h-23h.* Tout à la fois galerie d'art, salon de thé et restaurant, l'endroit mérite assurément le coup d'œil et il est très agréable d'y faire une pause lors de la visite de la Nouvelle Ville. Chaque salle dispose d'une ambiance propre et le service est attentionné.

LA VOIE ROYALE

Plan II p. 36-37

3 **Cafe A. Blikle** – **D5** - *Ul. Nowy Świat 35 - 669 609 706 - 22 826 45 68 - www.blikle.pl - 9h-20h.* Le doyen des cafés varsoviens (1869) propose des plats et pâtisseries délicieux. L'endroit est surtout connu pour ses beignets à la confiture de rose (rogalik z rożą). Plusieurs autres adresses en ville dont ul. Sarmacka 16 (Wilanów) et ul. Targowa 72 (Praga F2).

10 **Warszawa Powisle** – **E5** - *Ul. Leona Kruczkowskiego 3b - 22 474 40 84 - www.facebook.com/warszawapowisle - tlj 9h-0h.* Un bar de quartier installé dans une ancienne petite gare – et ses alentours car la terrasse déborde en été. Restauration légère, bons petits-déjeuners, bières, cocktails... Sympathique et sans prétention.

AUTOUR DU PALAIS DE LA CULTURE ET DES SCIENCES

Plan II p. 36-37

5 **Między Nami** – **D5** - *Ul. Bracka 20 - 22 828 54 17 - www.miedzynamicafe.com - lun.-jeu. 10h-23h, vend.-sam. 10h-0h, dim. 14h-23h.* Ce repaire de la jeunesse branchée de Varsovie possède la meilleure terrasse du centre-ville en été et une cuisine de qualité à prix modestes (le menu change tous les jours). Il y a toujours une exposition photo en cours.

(6) **Pijalnia Czekolady E. Wedel** – ***C5*** - *Ul. Szpitalna 8 - ✆ 22 827 29 16 - www.wedelpijalnie.pl - lun.-vend. 8h-22h, sam. 9h-22h, dim. 9h-21h.* Le temple du célèbre chocolatier varsovien sert les meilleurs chocolats chauds de la ville et des petits-déjeuners copieux et succulents, à des prix raisonnables, dans une très belle boutique. PLusieurs autres adresses en ville dont Krakowskie Przedmieście 45 (Voie Royale C3), ul. Freta 13/15 (Nouvelle Ville C2).

(41) **Lukullus** – ***D6*** - *Ul. Mokotowska 52a - ✆ 726 262 607 - http://cukiernialukullus.pl - tlj 8h-20h.* Une succulente pâtisserie-salon de thé connue pour ses gâteaux et entremets aériens, à l'image de la meringue des Romanov (airelles et orange) ou de l'amabilis (mousse de fruits rouges)... un régal ! Plusieurs adresses en ville dont ul. Chmielna 32 (C5) et ul. Złota 59 (B5 dans le centre commercial).

SUR LES TRACES DE LA VARSOVIE JUIVE

Plan I

Pensez aussi au café du musée d'Histoire des juifs polonais-POLIN (voir p. 43).

(11) **Odette Tea Room** – ***B4*** - *Ul. Twarda 2/4 - ✆ 694 076 551 - http://https://odette.pl - lun. 13h-20h, vend.-dim. 10h-20h.* Une pâtisserie raffinée doublée d'un salon de thé qui offre un incroyable choix de thés en vrac de grande qualité. La pavlova, à l'essence de rose, est particulièrement originale, et les préparations à base de chocolat utilisent les produits Valrohna.

(7) **Charlotte** – ***B4*** - *Pl. Grzybowski 2 - ✆ 668 669 137 - http://bistrocharlotte.pl - lun.-jeu. 7h-0h, vend. 7h-1h, sam. 8h-1h, dim. 8h-22h (minuit en été).* Si l'endroit est idéal pour prendre son petit-déjeuner, ce café-boulangerie, très apprécié tout au long de la journée pour ses pains variés et sandwichs, ses viennoiseries et ses pâtisseries, est par ailleurs une adresse très tendance pour se retrouver autour d'un verre en soirée. Souvent bondé. Autre adresse en ville : pl. Zbawiciela 8 D6

PRAGA

Plan détachable

Pensez aussi à l'excellent café du musée de Praga (voir p. 60).

(8) **Łysy Pingwin** – ***F2*** - *Ul. Ząbkowska 11 - ✆ 22 618 02 56 - dim.-jeu. 15h-0h, vend.-sam. 15h-3h.* Cet amusant café, « le Pingouin chauve », est fréquenté par les artistes du quartier. Les murs sont tapissés de vieilles affiches de films et de disques vinyle des années 1970-1980 (à vendre). Les excellents sandwichs sont réalisés à la commande. Expositions artistiques et concerts à l'occasion.

(9) **Cafe-Galeria Sztuki** – ***F2*** - *Ul. Ząbkowska 13 - ✆ 22 619 81 09 - http://caffee.stanowski.pl - lun.-jeu. 9h-23h, vend.-sam. 9h-0h - formule déj. 16 PLN.* Plus sage que son voisin, ce café-bistrot-galerie aux meubles patinés offre un cadre agréable et chaleureux. Large choix de pâtisseries et cuisine méditerranéenne.

Terrasses dans la Vieille ville.
M. Rellini/Sime/Photononstop

Shopping

Dans les boutiques, les prix sont généralement plus bas que dans les autres capitales européennes et l'on réalise de bonnes affaires, notamment sur des produits comme la vodka et les cigarettes. Mais les grandes chaînes internationales vendent leurs articles au même prix qu'ailleurs. L'artisanat traditionnel est abordable et très présent, dans les magasins spécialisés comme sur les nombreux marchés. La plupart des boutiques se concentrent près du Rynek, ainsi que dans les rues Nowy Świat, Chmielna, Mokotowska et Marszałkowska.

Bon à savoir – Les magasins sont en général fermés le samedi après-midi et le dimanche, ainsi que les après-midi des veilles de fêtes et jours fériés, sauf dans les galeries commerciales.

Bon à savoir – Amateurs de mode, curieux de connaître les designers polonais contemporains ? Ne manquez pas Hush Warsaw (http://targi.hushwarsaw.com), une grande foire qui se tient deux fois par an au stade national (**G4**).

Repérez les adresses sur nos plans grâce aux pastilles numérotées (ex. 1). Les coordonnées en rouge (ex. C2) font référence au plan détachable (à l'int. de la couverture).

LA VOIE ROYALE

Plan détachable

Affiches

1 Galeria Polskiego Plakatu – **D4** - *Ul. Dobra 56/66 - 503 341 328 - www.poster.pl - lun.-vend. 12h30-19h, sam. 12h-17h.* Cette boutique offre un choix impressionnant d'affiches de films, de théâtre, d'opéra et de cirque.

Mode et design

26 Mysia 3 – **D5** - *Ul. Mysia 3 - http://https://mysia3.pl - lun.-sam. 10h-20h, dim. 12h-18h.* Un petit centre commercial conçu comme un concept-store, avec une quinzaine de boutiques et un agréable café avec terrasse. On y trouve des marques polonaises dont les bijoux SOTE (www.sotejewellery.com), délicats et abordables.

AUTOUR DU PALAIS DE LA CULTURE ET DES SCIENCES

***Plan II** p. 36-37*

Affiches et art contemporain

2 Galeria Raster – **C6** - *Ul. Wspolna 63 - 22 245 12 39 - http://rastergallery.com - mar.-sam. 12h-18h.* Cette galerie indépendante réunit nombre d'artistes parmi les plus percutants de l'avant-garde polonaise.

Artisanat traditionnel

3 Cepelia – **C5** - *Ul. Marszałkowska 99/101 - au coin de Al. Jerozolimskie - 22 628 77 57 - http://cepelia.pl - lun.-vend. 11h-19h, sam. 11h-15h.* Les boutiques Cepelia proposent une large sélection d'objets artisanaux en bois, de céramiques, linge de maison et costumes folkloriques, ainsi que les fameux œufs et petites boîtes en bois peint multicolores. Plusieurs boutiques en

Le centre commercial ultra-moderne Arkadia, construit par les architectes RTKL et Beg Ingenierie.
Arpad Benedek/iStock

OYSHO
lubię to!
lubię to!

ville (entre autres : Pl. Konstytucji 5; ul. Chmielna 8).

Épicerie

5 Skarby Smaku – ***C6*** - *Ul. Hoża 43/49 - ✆ 22 622 43 00 - www.skarbysmaku.pl - lun.-vend. 8h-19h, sam. 10h-14h.* Produits traditionnels biologiques réalisés maison (fromages, pains au gingembre de Toruń, gâteaux arboricoles de Podlachie, etc.), présentés dans un décor chaleureux de cuisine ancienne. Venez réaliser ici vos paniers-cadeaux.

Mode et design

This is paper – ***Hors plan*** - *Ul. Odolańska 6/8 - ✆ 796 079 500 - http://https://thisispapershop.com - lun.-sam. 11h-19h, dim. 11h-16h.* Une boutique de design et de mode qui privilégie les produits réalisés dans des matériaux respectueux de l'environnement. N'hésitez pas à faire une pause au charmant café.

SUR LES TRACES DE LA VARSOVIE JUIVE

Plans I et II ***p. 16-17 et p. 36-37***

Marché

6 Hala Mirowska – ***B4*** - *Pl. Mirowski 1 - Plac Mirowski - tlj sf dim. 7h-20h (18h sam.).* Un marché pittoresque de fleurs, fruits et légumes.

Centre commercial

7 Złote Tarasy – ***B5*** - *Ul. Złota 59 - www.zlotetarasy.pl - 9h-22h (21h le dim.).* Une adresse très moderne derrière la gare centrale.

LES PARCS UJAZDOWSKI ET ŁAZIENKI

Plan détachable

Livres

8 Librairie du centre d'art contemporain – ***E6*** - *Ul. Jazdów 2 - Zamek Ujazdowski - tlj sf lun. 12h-19h (vend. 21h).* Une très bonne sélection de livres d'art à des prix intéressants, dont certains consacrés aux artistes polonais, ainsi que de beaux livres de photos et de tourisme sur Varsovie et la Pologne.

Marché

9 Marché de la photo de Stodoła – ***C7*** - *Ul. Batorego 10 - Salle Stodoła - M Pole Mokotowskie - ✆ 22 825 60 31 - un dim. sur deux 10h-14h - 4,50 PLN.* Ce marché très animé qui se tient dans le Club Stodoła séduira autant les pros que les amateurs de photo. Prix intéressants.

ŻOLIBORZ

Centre commercial

Arkadia – ***Hors plan*** - *Al. Jana Pawła II 82 - (à l'ouest de la Nouvelle Ville) - www.arkadia.com.pl - lun.-jeu. 10h-22h, vend.-sam. 9h-23h, dim. 10h-21h.* L'un des plus grands centres commerciaux d'Europe.

Marché

Marché aux puces de Koło (Bazar na Kole) – ***Hors plan*** - *Ul. Obozowa 99 - (quartier de Wola) - Tram 20, 24, 26 arrêt Dalibora - vend.-dim. 6h-15h.*

Sortir

Pour sortir et profiter de la vie culturelle et artistique, vous n'aurez que l'embarras du choix. Dans la ville où a grandi Frédéric Chopin, la musique est toujours à l'honneur, lors de festivals ou de concerts, donnés aussi bien dans des lieux institutionnels comme l'opéra que dans des endroits plus originaux, comme l'amphithéâtre du palais Łazienki ou dans le parc du même nom.

Pour vos soirées, vous trouverez une grande concentration de cafés et de clubs dans les rues Foksal, Sienkiewicza, Mazowiecka, Żurawia et sur la place Zbawiciela.

Bon à savoir – Les magazines mentionnés dans la rubrique « Presse » (voir p. 93) proposent une sélection d'événements en soirée (concerts, cinéma, théâtre, vernissages, etc.), et le mensuel gratuit **Aktivist** *(http://aktivist.pl)* fournit le programme exhaustif des clubs et des concerts de musiques actuelles (disponible dans les bars et certains restaurants).

Voir aussi le programme des concerts donnés dans les églises (informations à l'office de tourisme).

Repérez les adresses sur nos plans grâce aux pastilles numérotées (ex. 1). Les coordonnées en rouge (ex. C2) font référence au plan détachable (à l'intérieur de la couverture).

LA VOIE ROYALE

Plan détachable.

Bars

15 **Cocktail Bar Max-Dom Whisky** – ***D5*** - *Ul. Nowy Świat 32 - http://barmax.pl - tlj à partir de 10h.* Un bar connu pour ses bons cocktails et son large choix en matière de whisky – comme son nom l'indique, c'est aussi la Maison du whisky. Très belle décoration et souvent bondé.

14 **Weles** – ***D5*** - *Ul. Nowogrodzka 11 - 602 773 997 - http://welesbar.pl - tlj à partir de 19h.* Un endroit un peu confidentiel, à la manière d'un speakeasy, sans indications à l'entrée, qui cache un bar à cocktails branché et très fréquenté.

13 **Kita Koguta** – ***D6*** - *Ul. Krucza 6/14 - 512 307 284 - http://kitakoguta.pl - mar.-jeu. 18h-0h, vend.-sam. 18h-2h, f. lun.* Un bar à cocktails couru où la « mixologie » est tout un art. Les barmens composent les préparations selon vos désirs. Musique et DJ certains soirs.

Recitals

16 **Salon Chopin** – ***D5*** - *Ul. Smolna 14 - Chopin Boutique Bed and Breakfast - 22 829 48 00 - http://chopinsalon.pl - tlj 19h30 - 50 PLN.* On donne ici au moins une fois par jour des récitals de piano, principalement du Chopin, mais pas seulement.

AUTOUR DU PALAIS DE LA CULTURE ET DES SCIENCES

Plans I et II ***p. 16-17 et p. 36-37***

Clubs

1 **Club Mirage** – **B5** - *Plac Defilad 1 - ✆ 22 620 14 54 - http://clubmirage.pl - à partir de 21h, sf lun., mar., dim.* Au sein du palais de la Culture et des Sciences, ce qui est déjà tout un programme, ce club est un des rendez-vous préférés de la jeunesse. Ambiance garantie !

2 **Klubo Kawiarnia** – **D4** - *Ul. Czackiego 3/5 - www.klubo.pl - vend.-sam. à partir de 22h, f. le reste de la sem.* Pour finir votre soirée, vous pouvez tenter d'entrer dans les caves de ce club dont le décor se veut à 100 % social-réaliste. Trois salles et trois ambiances musicales différentes. Parfait pour ceux qui veulent danser.

Spectacles

3 **Grand Théâtre-Opéra national** (Teatr Wielki-Opera Narodowa)) – **C3** - *Plac Teatralny 1 - ✆ 22 826 50 19 - www.teatrwielki.pl.* Le haut lieu de l'opéra et du ballet en Pologne.

4 **Philharmonie nationale** (Filharmonia Narodowa) – **C5** - *Ul. Jasna 5 - ✆ 22 551 71 11 - http://filharmonia.pl.* L'une des plus anciennes institutions musicales d'Europe, qui se produit régulièrement dans les plus prestigieuses salles de concert du monde.

Jazz

12 **12 on 14 Jazz Club** – **C6** - *Ul. Stanisława Noakowskiego 16 - ✆ 22 635 49 49 - http://12on14club.com - mar.-sam. à partir de 18h.* Pour les amateurs de jazz, un des clubs de la ville où se produisent les stars de passage dans la capitale mais aussi des artistes plus confidentiels.

Bar

6 **Panorama Sky Bar** – **C5** - *Al. Jerozolimskie 65/79 - Hôtel Marriott - ✆ 22 630 74 35 - http://panoramaskybar.pl - tlj à partir de 18h.* Au sommet de l'hôtel Marriott, panorama époustouflant sur Varsovie. Idéal pour commencer ou finir la soirée...

Cinéma

7 **Kinoteka** – **C5** - *Plac Defilad 1 - www.kinoteka.pl.* Un multiplexe au sein du palais de la Culture, toujours impressionnant.

Patinoire

8 **Patinoire du palais de la Culture** – **C5** - *Plac Defilad 1 - Côté Ul. Świętokrzyska.* Un incontournable si vous visitez la ville en hiver.

SUR LES TRACES DE LA VARSOVIE JUIVE

Plans I et II ***p. 16-17 et p. 36-37***

Spectacles

9 **Opéra de chambre** (Opera Kameralna) – **B3** - *Al. Solidarności 76b - ✆ 22 831 22 40 - www.operakameralna.pl.* Une grande variété de styles musicaux et des spectacles de qualité. Beaucoup de Mozart : le lieu est aussi l'un des organisateurs du festival dédié au compositeur (voir p. 100).

E. Grund/age fotostock

L'Opéra de Varsovie.

(10) **Théâtre juif Ester Rachel Kamińska** (Teatr Żydowski im. Ester Racheli Kamińskiej) – ***B4*** - *Ul. Senatorska 35 - ✆ 22 620 62 81 - www.teatr-zydowski.art.pl.* Le seul théâtre au monde à donner régulièrement des spectacles en langue yiddish. En 2017, il a quitté le bâtiment, aujourd'hui démoli, de la place Grzybowski où il se trouvait depuis les années 1970 pour s'installer dans le centre culturel yiddish.

PRAGA

Plan détachable

Plage

(11) **La Playa Music Bar** – ***D2*** - *Ul. Wybrzeże Helskie 1/5 - (près de l'entrée du zoo) - ✆ 608 552 336 - www.laplaya.pl.* Très animée en saison, une des "plages" de Praga qui se transforme le soir venu en club où l'on danse, mais on peut se contenter de manger un morceau ou de prendre un verre. Nombreuses activités aussi en journée : cours de danse, beach volley, transats... Très belle vue sur le château royal.

Se loger

Les prix varient souvent entre la semaine et le week-end, et selon la saison. Pensez à consulter les sites Internet des différents établissements : la plupart y ont des promotions spéciales en cours.

Repérez les adresses sur le plan détachable (à l'intérieur de la couverture) grâce aux pastilles numérotées (ex. 1). Les coordonnées en rouge (ex. D2) font référence à ce même plan.

LA VIEILLE VILLE

Moins de 200 PLN

1 **Kanonia** – **C3** - *Ul. Jezuicka 2 - ✆ 22 635 06 76 - www.kanonia.pl - lits 45/60 PLN/pers, 10 ch. 170/220 PLN - 18 PLN.* Cette auberge de jeunesse calme et bien tenue offre un toit dans la plus pittoresque ruelle de la Vieille Ville pour un coût modique. Chambres pour 2 pers. avec ou sans sdb, dortoirs, appartements. Pas de couvre-feu.

De 200 à 400 PLN

2 **Duval** – **C3** - *Ul. Nowomiejska 10 - ✆ 22 849 70 24 - www.duval.net.pl - 4 studios - 300/425 PLN - 287/410 PLN.* Cette résidence en plein cœur de la Vieille Ville se compose de studios méticuleusement agencés dans des styles différents (rétro, polonais, japonais et « classe »). Sur place : services d'une agence de voyages et transferts possibles vers l'aéroport. Réservation recommandée.

3 **Castle Inn** – **C3** - *Ul. Świętojańska 2 - ✆ 22 425 01 00 - http://castleinn.pl - 22 ch. 300/500 PLN - 35 PLN.* L'auberge de jeunesse Oki Doki a ouvert cette annexe assez luxueuse, aux chambres décorées par des artistes locaux, qui se trouve idéalement située sur la place du Château avec vues sur la cathédrale et sur la place. Réservez impérativement.

LA NOUVELLE VILLE

Plus de 600 PLN

4 **Le Régina** – **C2** - *Ul. Kościelna 12 - ✆ 22 531 60 00 - www.mamaison.com - - 61 ch. à partir de 850 PLN 125 PLN -* Installé dans un palais restauré du 18e s. au cœur de la Nouvelle Ville, cet hôtel de luxe impressionne d'abord par le silence monastique qui y règne. Les murs de chaque chambre sont ornés de fresques peintes à la main. Salle de sports, sauna et Spa. Offres spéciales sur le site Internet. Excellent restaurant, La Rôtisserie (voir « Restauration »).

LA VOIE ROYALE

De 200 à 400 PLN

5 **Chopin Boutique Bed and Breakfast** – **D5** - *Ul. Smolna 14/6 - ✆ 22 829 48 00 - http://bbwarsaw.com - - 28 ch. à partir de 390 PLN -* . Des chambres et des

appartements de très bon standing dans une rue calme et agréable, perpendiculaire à la Voie Royale. Le salon Chopin (voir p. xxx), idéal pour écouter un récital de piano, se trouve au même endroit.

De 400 à 600 PLN

7 **Le Bristol** – **D4** - *Ul. Krakowskie Przedmieście 42/44 - 22 551 10 00 - www.hotelbristolwarsaw.pl - - 206 ch. à partir de 1000 PLN -* Idéalement situé sur la Voie Royale, entre le Centre et la Vieille Ville, l'hôtel Bristol est l'un des établissements 5 étoiles de Varsovie. Hall Art nouveau, chambres décorées avec soin, restaurant haut de gamme (avec un menu intéressant au déjeuner), bar à vin ouvert tard le soir et personnel irréprochable.

16 **Indigo** – **D5** - *Ul. Smolna 40 - 22 531 60 00 - - 60 ch. à partir de 800 PLN -* .Idéalement situé au bout de Nowy Świat, ce qui rend beaucoup de sites accessibles à pied, cet hôtel a pour cadre un palais du début du 20e s. dont les intérieurs ont été rénovés dans un style contemporain avec beaucoup de goût. Le hall avec sa suspension en verre coloré qui court sur plusieurs niveaux est très impressionnant ! Salle de fitness. Service efficace et charmant.

AUTOUR DU PALAIS DE LA CULTURE ET DES SCIENCES

Moins de 200 PLN

8 **Oki Doki** – **C4** - *Plac Dąbrowskiego 3 - 22 828 01 22 - http://okidoki.pl - - 30 ch. sans ou avec sdb 180/225PLN, lit dans une chambre de 3 à 8 pers. env. 50 PLN/pers. - 15 PLN - Réserv. indispensable.*Cette auberge de jeunesse est sans conteste l'une des meilleures adresses à prix modérés du centre-ville. Chambres soigneusement décorées par des artistes locaux, personnel très sympathique et nombreuses prestations touristiques (organisation de visites guidées, location de vélos, informations sur les sorties, etc.). Pas de couvre-feu.

De 200 à 400 PLN

9 **Apartamenty Zgoda** – **C5** - *Ul. Zgoda 6 - 22 553 61 00 - www.desilva.pl - - 6 ch., 45 appart. à partir de 310 PLN - 40 PLN -* Des appartements spacieux, lumineux et bien équipés, dans un quartier animé, à deux pas du palais de la Culture et des Sciences.

10 **Between Us Bed and Breakfast** – **D5** - *Ul. Bracka 20 - 22 828 54 17 - http://between-us.eu - gratuit - 3 ch. à partir de 360 PNL* .Une adresse cosy et discrète, à l'étage du café Między Nami (voir « Petite pause »). Les trois chambres, spacieuses, bénéficient de tout le confort souhaité. Accueil très sympathique.

11 **Polonia Palace Hotel** – **C5** - *Aleje Jerozolimskie 45 - 22 318 28 00 - www.poloniapalace.com - - 206 ch. à partir de 400 PLN - 80 PLN -* Une situation on ne peut plus centrale, en face du palais de la Culture et des Sciences, un confort et une propreté irréprochables, un service de qualité, le tout à des prix relativement

raisonnables pour un établissement 4 étoiles. Bref, un très bon rapport qualité-prix.

17 **Hôtel MDM** - ***D6*** - *Plac Konstytucji 1 - 22 339 16 00 - www.hotelmdm.com.pl - - 134 ch. à partir de 400 PLN 45 PLN* - Très bien placé à proximité de plusieurs types de transports en commun, dans le quartier dont il porte le nom, l'hôtel MDM occupe un imposant bâtiment de l'époque communiste. Les chambres sont claires, spacieuses et modernes. Vue imprenable sur la place de la Constitution depuis le restaurant.

Plus de 400 PLN

12 **Résidence Diana** - ***D5*** - *Ul. Chmielna 13a - 22 505 91 00 - www.mamaisondiana.com - P - 46 studios et appart. à partir de 450 PLN - 50 PLN* - La bonne adresse de standing du Centre : cette résidence au design très contemporain mais chaleureux se situe dans une belle arrière-cour du quartier piéton et commerçant du Centre. Appart. (pour 2 pers.) dans toutes les tailles et gammes de prix. Toutes les prestations d'un hôtel 4 étoiles (accès Internet, écran TV plasma, pressing, jacuzzi, etc.) et restaurant continental. Même groupe que l'hôtel Le Regina (voir p. 80). Offres spéciales sur Internet.

14 **Hotel Rialto** - ***B6*** - *Ul. Wilcza 73 - 22 584 87 00 - www.rialto.pl - P - 44 ch. à partir de 700 PLN - 80 PLN* - Dans un bâtiment de 1906 à la belle décoration Art déco, situé dans un secteur calme. Les chambres au décor personnalisé ont le dernier confort. Restaurant de grande qualité avec du mobilier de style 1930.

15 **H15 Boutique Apartments** - ***C6*** - *Ul. Poznańska 15 - 22 553 87 00 - www.h15boutiqueapartments.com - P - 48 appart. à partir de 720 PLN - 65 PLN* - Aménagées dans un bel immeuble historique du 19e s., dans un quartier résidentiel somme toute assez calme, ces vastes chambres personnalisées, dans l'esprit des hôtels-boutiques, offrent un confort de haut standing. Réputé, le restaurant mérite le détour pour son décor "communiste" - c'était autrefois l'ambassade d'URSS.

L'hôtel Bristol.
Anna Bryukhanova/iStock

P
WINE

4
3257

Varsovie pratique

Préparez votre voyage

Votre séjour de A à Z

Agenda culturel

Le tramway, idéal pour se déplacer dans le centre.
L. Vallecillos/age fotostock

Préparez votre voyage

FORMALITÉS D'ENTRÉE

Pièce obligatoire - Carte d'identité ou passeport en cours de validité.
Visa - Les ressortissants français, ceux de l'Union européenne (UE) et les Suisses n'en ont pas besoin.
Douane - Il est interdit d'importer en Pologne de la viande crue ou des viandes préparées artisanalement, des produits laitiers, des fleurs ou plantes en pot et des animaux exotiques. Le transport et la détention de drogues et d'armes ou de produits dangereux sont bien évidemment prohibés.

ALLER EN AVION

Pour les coordonnées des aéroports, voir p. 1.

Compagnies régulières

Air France - ✆ 3654 *(0,34 €/mn)* - www.airfrance.fr. 3 ou 4 vols par jour entre Paris et Varsovie.
LOT - 101 r. d'Aboukir - 75002 Paris - ✆ 0800 10 12 24 (gratuit) - www.lot.com. De Paris, 3 vols directs par jour. De Nice, 1 vol direct par jour. De Bruxelles, 3 vols directs par jour. De Genève, 2 vols directs par jour.

Compagnies low-cost

Wizz Air - ✆ 0899 860 729 *(0,34 €/mn)* - www.wizzair.com. Vols au départ de Bordeaux, Grenoble, Lyon-Saint-Exupéry, Nice, Bruxelles, Bâle et à destination de Varsovie (arrivée à l'aéroport Frédéric-Chopin).
Ryanair - www.ryanair.com. Vols directs au départ de Paris-Beauvais, Toulouse pour Varsovie (arrivée à l'aéroport Modlin).

Centrales de réservation sur Internet

www.bourse-des-vols.com ; www.easyvols.fr ; www.ebookers.fr ; www.expedia.fr ; www.govoyages.com ; www.kayak.fr ; www.lastminute.com ; www.opodo.fr.

ALLER EN TRAIN

Pour les coordonnées de la gare centrale, voir p. 3.

On atteint Varsovie via Berlin, Francfort ou Cologne. Comptez 24h de voyage. Les trains arrivent à la gare centrale (Dworzec PKP Warszawa Centralna).
SNCF - ✆ 36 35 *(0,34 €/mn)* - www.voyages-sncf.com.
DB France - 20 r. Laffitte - 75009 Paris - ✆ 01 44 58 95 40 - www.bahn.com.

ALLER EN BUS

Pour les coordonnées de la gare routière, voir p. 3.

Différentes compagnies d'autocars assurent une liaison régulière entre la France et Varsovie. C'est un long voyage *(20h)* dans des conditions parfois peu confortables. Arrivée à la gare routière de l'Ouest (Dworzec PKS Warszawa Zachodnia).

Eurolines - 28 av. du Général-de-Gaulle - 93541 Bagnolet - ✆ 0 892 89 90 91 *(0,34 €/mn)* - www.eurolines.fr.

ARGENT

La monnaie est le **złoty** (signifiant « doré ») divisé en cent. L'abréviation locale est ZŁ et l'abréviation internationale est PLN.
En juillet 2018, **le taux de change était d'environ 4,31 PLN pour un euro.**
Un złoty se divise en 100 groszys. Il existe des billets de 10, 20, 50, 100 et 200 złotys et des pièces de 1, 2, 5, 10, 20, 50 groszys et de 1, 2, 5 złotys.
Pour des raisons de commodité, munissez-vous de monnaie et de billets de petite valeur. L'euro est parfois accepté.
Perte de cartes : voir l'encadré « Pas de panique ! » p. 93.
Sur place, voir aussi « Banques et change », p. 90.

BUDGET

Un séjour à Varsovie ne ruinera pas votre bourse. Pour une chambre double de bon confort, comptez de 260 à 350 PLN (58 à 79 €) la nuit, 160 à 205 PLN (36 à 46 €) dans un établissement de moindre importance. Une chambre d'hôte se négocie autour de 110 PLN (25 €).
Le prix d'un repas au restaurant varie bien évidemment selon la nature et le standing de l'établissement. Comptez entre 8 et 50 PLN (1,8 à 11 €) pour un plat et de 20 à 80 PLN (4,5 à 18 €) pour un repas.

SAISONS ET CLIMAT

Été - Chaud et ensoleillé, avec une température moyenne de 25 °C pouvant parfois dépasser les 30 °C (le vent est rare).
Hiver - Froid et sec, c'est une saison intéressante pour le tourisme culturel et une autre vision de la ville souvent sous la neige. N'oubliez pas d'emporter des vêtements chauds : les températures tournent autour de 0 °C sauf en janvier et février, les mois les plus froids de l'année, avec une température moyenne de quelques degrés au-dessous de zéro.
Printemps et automne - Ce sont les saisons les plus agréables : le climat est doux, les journées assez longues et l'affluence touristique raisonnable.

SANTÉ

Aucun vaccin n'est nécessaire. Depuis l'entrée de la Pologne dans l'Union européenne, vous devez vous munir de la **carte européenne d'assurance maladie** afin que vos éventuels soins sur place soient pris en charge. Elle s'obtient en 2 à 3 semaines auprès de votre Caisse primaire d'assurance maladie ou sur votre compte Ameli (www.ameli.fr). Si votre départ est précipité, vous pouvez retirer à votre centre une attestation provisoire.

TÉLÉPHONE

Pour appeler de l'étranger à Varsovie - Composez le **00** puis le **48** (indicatif de la Pologne), suivi du numéro de votre correspondant.
Sur place, voir « Téléphone », p. 97.

POUR EN SAVOIR PLUS

Offices de tourisme

Office national polonais du tourisme à Paris – 10 r. Saint-Augustin - 75002 Paris - ✆ 01 42 44 19 00 - www.pologne.travel/fr - lun.-vend. 9h-16h.

Office national polonais du tourisme à Bruxelles – 20 av. de la Renaissance - 1000 Bruxelles - ✆ 740 06 20 - fax 742 37 35 - www.pologne.travel/fr-be.

Pour les offices de tourisme à Varsovie, voir p. 92.

Ambassades

En France – 1 r. de Talleyrand - 75343 Paris Cedex 07 - ✆ 01 43 17 34 00 - www.paryz.msz.gov.pl.

En Belgique – 139 r. Stevin - 1000 Bruxelles - ✆ 02 736 18 81 - www.bruksela.msz.gov.pl.

Au Luxembourg – 24 r. Guillaume-Schneider - L-2522 Luxembourg - ✆ 260 032 - fax 2668 7574 - www.luksemburg.msz.gov.pl.

En Suisse – 20a Elfenstrasse - 3000 Bern 15 - ✆ (031) 358 02 02 - fax (031) 358 02 16 - www.berno.msz.gov.pl.

Pour la représentation diplomatique à Varsovie, voir p. 90.

Associations, librairies, centres culturels

Bibliothèque polonaise à Paris – 6 quai d'Orléans - 75004 Paris - ✆ 01 55 42 83 83 - www.bibliotheque-polonaise-paris-shlp.fr.

Institut polonais à Paris – 31 r. Jean-Goujon - 75008 Paris - ✆ 01 53 93 90 10 - www.institutpolonais.fr. Il organise des manifestations autour de la Pologne. Concerts et spectacles émaillent son calendrier.

Centre de civilisation polonaise de la Sorbonne – 108 bd Malesherbes - 75017 Paris - ✆ 01 43 18 41 53 - www.centre-civilisation-polonaise.fr. Cours de langue, de civilisation polonaises, manifestations culturelles, rencontres, colloques. Accessibles aux auditeurs libres.

Librairie polonaise – 123 bd St-Germain - 75006 Paris - ✆ 01 43 26 04 42 - www.librairiepolonaise.com. Installée depuis 1925 dans ces locaux, cette institution polonaise de Paris vend des livres en polonais, des traductions littéraires et des livres en français sur la Pologne, ainsi que de l'artisanat.

Sites Internet

Warsaw in your pocket – www.inyourpocket.com. Informations touristiques.

The Visitor guide Mazowsze – www.thevisitor.pl. Informations touristiques.

Guide Warsaw Life – www.warsaw-life.com. Infos touristiques, sorties, restaurants...

Forum de discussion sur la Pologne – www.polskanova.com.

Portail franco-polonais – www.polonika.eu.

Portail polonais – www.beskid.com. Panorama du pays, forums et suggestions de balades.

Informations sur Varsovie – www.vanupied.com/varsovie.

Média des Français et francophones à l'étranger – www.lepetitjournal.com/varsovie.

Présentation de la Pologne – *http://polska.pl.* Un vaste panorama du pays à travers son histoire, sa société et son économie.

Ministère de la Culture – *www.mkidn.gov.pl.*

Actualités culturelles – *http://culture.pl.*

REPÉREZ-VOUS, MÊME SOUS LA PLUIE
AVEC NOS PLANS DE VILLE PLASTIFIÉS !
© oversnap/iStock

MICHELIN
LONDRES
PLAN DE VILLE
PLASTIFIÉ
Sélection touristique LE GUIDE VERT

Votre séjour de A à Z

AMBASSADES

Ambassade de France – Ul. Piękna 1 - ✆ 22 529 30 00 - www.ambafrance-pl.org.
Ambassade de Belgique – Ul. Senatorska 34 - ✆ 22 551 28 00 - http://poland.diplomatie.belgium.be.
Ambassade du Luxembourg – Ul. Sloneczna 15 - ✆ 22 507 86 50 - http://varsovie.mae.lu/fr.
Ambassade de Suisse – Al. Ujazdowskie 27 - ✆ 22 628 04 81 - www.eda.admin.ch/warsaw.

BANQUES ET CHANGE

Les **distributeurs de billets** sont très nombreux et répartis dans toute la ville. Dans la plupart des cas, il est possible de sélectionner une interface en langue française ou au moins en anglais.
Le taux de change est disponible sur le site de la Banque nationale polonaise (www.nbp.pl). En juillet 2018, il était d'environ **4,31 PLN pour 1 €.**
Les **Kantor** (bureaux de change) sont légion dans la ville et pratiquent des taux quasi similaires à ceux des banques. Ils changent uniquement l'argent liquide.
Les bureaux de change de l'aéroport et de la gare centrale restent ouverts 24h/24.
S'ils constituent une garantie fiable contre le vol, les chèques de voyage sont difficiles à changer et les commissions assez importantes.

CARTES DE CRÉDIT

Les principales cartes bancaires sont acceptées dans la plupart des hôtels et restaurants de Varsovie. En revanche, certains établissements plus modestes la refusent encore.
Perte de cartes : voir l'encadré « Pas de panique ! » ci-contre.

CIGARETTES

Le prix des cigarettes est beaucoup moins élevé qu'en France. On en trouve dans tous les petits kiosques, dans la rue ou dans les passages souterrains très fréquentés en hiver.
Il est interdit de fumer dans les lieux publics, sauf dans les zones fumeurs. La plupart des bars et restaurants disposent d'une salle dédiée aux fumeurs.

DÉCALAGE HORAIRE

Pas de décalage horaire par rapport à la France. Les changements d'heure légale interviennent aux mêmes dates qu'en France, deux fois par an.

DOUANES

Vous êtes autorisé à rapporter de Pologne alcools et tabacs (10 l d'alcool fort, 90 l de vin, 110 l de bière et 800 cigarettes). En revanche, il

est interdit d'exporter antiquités et œuvres d'art datant d'avant 1945. Il est possible de vous faire rembourser la TVA si le montant de vos achats dépasse 200 PLN et s'ils ont été faits dans des magasins agréés portant la mention « Tax free ». Ces derniers vous remettront un certificat d'achat valable 3 mois.
Il est interdit d'importer en Pologne de la viande crue ou des viandes préparées artisanalement, des produits laitiers, des fleurs ou plantes en pot et des animaux exotiques. Tout transport et détention de drogues et d'armes, ou produits dangereux, sont bien évidemment prohibés.
Si vous voyagez avec votre **animal de compagnie**, munissez-vous de son carnet de santé et assurez-vous que sa vaccination contre la rage est à jour.

ÉLECTRICITÉ

Les prises polonaises, semblables à celles que l'on trouve en France, délivrent du courant en 220 V, fréquence 50 Hz.

HÉBERGEMENT

Il existe de nombreuses formules pour se loger à Varsovie. Les prix sont variables et bien meilleur marché qu'en France.

Auberges de jeunesse et cités universitaires

Vous pouvez réserver des places en auberge de jeunesse auprès de la **Fédération polonaise des auberges de jeunesse (PTSM)** – Ul. Mokotowska 14 - 00-561 Varsovie - ✆ 22 849 81 28 - www.ptsm.org.pl.
À Varsovie, les **cités universitaires** peuvent accueillir des visiteurs pendant l'été et les vacances scolaires.

Hôtels

De la charmante pension à l'hôtel tout confort, affichant de 1 à 5 étoiles, des auberges de jeunesse nouvelle génération aux appart-hôtels, on en trouve pour tous les goûts et toutes les bourses. Depuis quelques années, les établissements modernes fleurissent. Mais les hôtels de la période communiste n'ont pas tous disparu. Certains ont été rénovés et adaptés à un confort plus moderne, d'autres, de plus en plus rares, ont conservé une atmosphère surannée.
Bon à savoir – À Varsovie, la plupart des hôtels d'un certain standing proposent des tarifs plus bas pendant les week-ends (souvent moitié prix).
Système de réservation polonais des services touristiques et hôteliers – www.discover- poland.pl.
On peut aussi réserver des chambres auprès des sites suivants : www.booking.com (en français) ; www.polhotels.com (en anglais) ; www.polhotel.pl (en anglais) ; http://hotelsinpoland.com.pl (en anglais).
Orbis, la plus grande chaîne d'hôtels en Pologne, est liée au groupe Accor, entré dans son capital. Il s'agit habituellement d'hôtels 4 ou 5 étoiles. Réservation auprès des hôtels du groupe Orbis : ✆ 0 801 606 606 - www.orbis.pl.

HORAIRES

Magasins – Lun.-vend. 10h-18h, sam. jusqu'à 15-16h.
Voir aussi « Nos adresses/ Shopping » p. 74.
Banques – Lun.-sam. 8h-18h. Lorsqu'ils ne sont pas ouverts 24h/24, les *kantor* ouvrent de 9h à 18h en sem. et jusqu'à 12h le sam.
Poste – Lun.-vend. 8h-19h, sam. matin jusqu'à 12h, 13h ou 14h.

INTERNET

Les cybercafés ont presque tous disparu mais le wifi est disponible dans la plupart des hôtels et de nombreux lieux publics (cafés, musées…).

JOURS FÉRIÉS

1er janvier – Nouvel An.
6 janvier – Épiphanie.
Pâques – Dimanche et lundi.
1er mai – Fête du Travail.
3 mai – Anniversaire de la Constitution. Fête nationale
Fête-Dieu – Jeudi (fête mobile).
15 août – Assomption.
1er novembre – Toussaint.
11 novembre – Fête nationale de l'Indépendance.
25 et 26 décembre – Noël.

LOCATION DE VOITURE

Vous trouverez de nombreux services de location à l'aéroport.

MUSÉES

Les musées sont généralement ouverts de 10h à 18h (plus tard pour les plus récents) et n'acceptent plus de visiteurs entre 30mn et 1h avant leur fermeture. Ils sont fermés le lundi et les principaux jours fériés.
Un ticket coûte entre 10 et 35 PLN (audioguide parfois compris); tarif réduit pour les enfants, les étudiants, les retraités. Les commentaires sont généralement disponibles en anglais, mais n'hésitez pas à demander aux caisses s'il existe une brochure séparée dans votre langue.

OFFICES DE TOURISME

Warszawska Informacja Turystyczna – ✆ 22 194 31 ou 22 278 77 77 (informations touristiques en français et en anglais) - www.warsawtour.pl. Trois bureaux.
Aéroport : terminal A;
Rynek de la Vieille Ville : n° 19/21;
Palais de la Culture et des Sciences : pl. Defilad 1. Ces antennes disposent d'une excellente documentation et de livrets pour des visites générales ou thématiques. Elles organisent également des visites guidées et peuvent mettre les touristes en contact avec des guides privés.

PASS TOURISTIQUE

Warsaw Pass – www.warsawpass.com. Pass 24h, 48h ou 72h *(119/159/189 PLN; avec transports en commun : 129/179/219 PLN)* permettant de bénéficier de la gratuité pour le bus touristique City Sightseeing Warsaw ainsi que des entrées gratuites ou des réductions : musées, visites guidées, concerts, établissements partenaires.

À acheter en ligne et à retirer dans un office de tourisme ou directement sur place. Tarif réduit pour les enfants.

POSTE

Les bureaux de poste sont généralement ouverts en semaine de 8h à 19h et le samedi matin.

Les **timbres** s'achètent à la poste ou dans les kiosques. Un timbre pour les pays de l'Union européenne coûte 2,60 et 5,10 PLN selon la taille de la lettre et la vitesse d'envoi. Comptez de 2-3 jours à une semaine pour un courrier prioritaire (*priorytetowa*) vers la France.

Poste centrale (Poczta główna) – Ul. Świętokrzyska 31/33 (24h/24) - ✆ 80 133 34 44. Vente de timbres, de cartes téléphoniques, de titres de transport et service d'envoi de fax.

POURBOIRE

Dans les restaurants, les **pourboires** ne sont pas inclus. Il est de bon ton de laisser l'équivalent de 10 % de la note.

PRESSE

Magazines culturels

Des mensuels ou bimensuels gratuits (en anglais) fournissent des informations utiles sur Varsovie (renseignements pratiques, hôtels, cafés, clubs et restaurants, expositions, ainsi qu'un plan de la ville et une description des principaux sites touristiques) : **Warsaw in your pocket** *(www.inyourpocket.com)*, **Warsaw Insider** *(www.warsawinsider.pl)*, **The Visitor guide Mazowsze** *(www.thevisitor.pl)*. Tous sont disponibles dans les bureaux IT, les hôtels et les points de vente de presse étrangère cités ci-après. Ceux qui ont un site Internet sont téléchargeables et imprimables.

Pas de panique !

Police : ✆ 997 ou 112 (depuis un portable).

Urgences médicales : ✆ 999 et 112 (depuis un portable).

Pompiers : ✆ 998.

Médecins francophones :

Dr Pascal Eechout – Ul. Zajecza 7 m. 16 - ✆ 22 827 97 44.

Dr Marguerite Sieńczewska – Ul. Chopina 7 m. 40 - ✆ 22 629 05 23.

Dr Tadeusz Zielonka – Ul. Cieszkowskiego 1/3 m 180 - ✆ 22 839 91 12.

Pharmacies 24h/24 : AApteka Beata – Al. Jana Pawła II 52/54 - ✆ 22 635 96 26 - www.aptekabeata.pl.

Apteka Franciszkańska : Ul. Franciszkańska 14 - ✆ 22 635 35 25 - www.aptekanafranciszkanskiej.pl.

Perte cartes bancaires : ✆ 0 892 705 705 (0,34 €/mn).

Numéros pour les étrangers séjournant en Pologne : ✆ 22 278 77 77 ou 608 599 999 (depuis un téléphone portable). Actif tlj sf j. fériés de 8h à 18h (22h du 1er juin au 30 septembre). Assistance en anglais, allemand et espagnol.

Presse française et internationale

Empik – Galeria Centrum - Marszałkowska 104/122 ; Ul. Nowy Świat 15.

RESTAURATION

Les bars à lait

Véritables institutions polonaises héritées de l'époque communiste, les **bars mleczny** (bars à lait) fonctionnent en self-service. Ils drainent une clientèle modeste et proposent les plats les plus simples et les plus traditionnels. On y mange souvent bien et beaucoup pour environ 10 PLN. Pas de problème de compréhension du menu en polonais, ici, les plats sont visibles derrière le comptoir ; il vous suffira de pointer votre choix du doigt.

Restaurants

Les **restaurants** pour les touristes, où la décoration est parfois outrageusement exubérante, se font un devoir de proposer une large variété de plats. Mais leur cuisine est souvent peu inventive. Préférez un établissement plus discret, reconnu pour ses spécialités, et, si le budget suit, n'hésitez pas à pousser la porte d'un restaurant gastronomique. Certains proposent des spécialités polonaises, mais on trouve aussi de nombreux restaurants représentatifs des pays voisins comme l'Ukraine. Depuis quelques années, une nouvelle génération de chefs polonais revisite les classiques de la cuisine nationale et sont adeptes du slow food. Il ne faut donc pas chercher bien loin pour trouver une bonne table à Varsovie.

Sur le pouce

À côté des restaurants classiques, on trouve des pizzerias et les chaînes de restaurants à mi-chemin du fast-food et de la cuisine « world ». Peu intéressants d'un point de vue gastronomique, ils ont la cote auprès des jeunes et des consommateurs branchés.

La carte

Dans les établissements les plus modestes, la carte en polonais vous donnera sans doute du fil à retordre et l'occasion de faire des expériences culinaires surprenantes, mais non dénuées d'intérêt. Dans les restaurants plus ouverts aux touristes, la carte sera au moins en allemand, en anglais, voire en russe, plus rarement en français. À côté de chaque plat figure la quantité en grammes qui est servie. Un bon moyen pour choisir en fonction de sa faim !

Les différents repas

Les horaires de repas des Polonais diffèrent des nôtres.
Le **petit-déjeuner** est très copieux (œufs, charcuteries, laitages) et permet de tenir une grande partie de la journée. Vers midi, une très **légère collation** sera prise, mais le deuxième repas, qui pourrait correspondre au **déjeuner**, n'a lieu qu'à la fin de la journée de travail, vers 15h-16h. Le troisième repas, le **dîner**, plus léger, se prend autour de 19h. Ces horaires ne sont pas vraiment respectés à Varsovie ni dans les endroits les plus touristiques, où l'on peut dîner assez tard.

Profitez de MICHELIN Voyage
Thaïlande
Lisbonne
© D. Gavin/iStock

Horaires

Les restaurants sont habituellement ouverts sans interruption de 11h-12h à 22h. Certains indiquent une ouverture « jusqu'au dernier client » *(Ostatni Klient)*. N'oubliez pas que les Polonais dînent tôt (vers 19h) et que le dernier client peut avoir quitté les lieux vers 21h30 ou 22h. Seuls les restaurants de chaîne ouvrent un peu plus tard, jusqu'à 23h.

SOUVENIRS

Produits de bouche

Vous aurez l'embarras du choix. La **vodka** vient bien sûr en tête. On en trouve pour tous les goûts, du breuvage à l'herbe aux bisons (Żubrówka) à d'autres plus austères ou plus sucrées. Les **bières** polonaises ont aussi leurs inconditionnels. Les **charcuteries** sont également à l'honneur. Saucisses, jambons fumés pourront rejoindre dans votre panier les **fromages**, dont le goûteux **oscypek** au parfum délicatement fumé. Le **chocolat** et les **confiseries** sont très appréciés et une marque comme Wedel jouit d'une réputation bien établie.

Artisanat

Vous pourrez rapporter de l'ambre, cette résine fossile que l'on prenait jadis pour des rayons solaires cristallisés. Colliers, pendentifs et boucles d'oreilles constitueront des présents appréciés.
Côté artisanat, pensez aux **objets en bois**, boîtes et autres bibelots sculptés, à la **céramique de Bolesławiec** (Basse-Silésie), présente dans toutes les boutiques du pays et connue pour ses motifs traditionnels à dominante bleue. Ne négligez pas les **créateurs contemporains**, dont le travail fait parfois montre d'une belle inspiration...
Côté souvenirs de voyage, on trouve de beaux **livres d'art** qui vous permettront de vous replonger dans les sites et monuments visités. Enfin, n'oubliez pas que la Pologne est l'autre pays de l'**affiche** et du poster. Qu'elle soit politique, culturelle ou militante, vous pourrez vous procurer de belles reproductions dans des magasins spécialisés.
Attention ! Si vous ne résistez pas aux brocantes, gardez en mémoire que toute œuvre d'art ou tout livre datant d'avant 1945 doit faire l'objet d'une autorisation spéciale pour pouvoir sortir du territoire.

STATIONNEMENT

Parking surveillé 24h/24 (Parking Całodobowy) – Tout autour du palais de la Culture (3/5 PLN/h).

TAXI

Ils sont assez peu nombreux à circuler dans les rues, mais beaucoup stationnent aux emplacements qui leur sont réservés. Vous pouvez aussi les appeler par téléphone (d'un portable, composez l'indicatif 22 avant le numéro). Opérateurs parlant anglais chez **MPT** *(☎ 191 91 - http://taximpt.pl - CC - service pour personnes handicapées)* et **Wawa Taxi** *(☎ 22 333 44 44 - www.wawataxi.pl)*. Attention, évitez les taxis irréguliers, nombreux aux abords des lieux touristiques (demandez à votre hôtel, à un restaurant ou à un café d'appeler).

TÉLÉPHONE

Pour téléphoner de la France vers Varsovie, voir p. 87.

De la Pologne vers l'étranger

Pour la France, composez le 00 puis le 33 suivi du numéro de votre correspondant (sans le 0 initial); vers la Belgique : 00 puis le 32; vers la Suisse : 00 puis le 41.

À l'intérieur de la Pologne

Composez l'intégralité du numéro de votre correspondant. Les deux premiers chiffres permettent d'identifier la zone géographique de votre correspondant.
Indicatif régional de Varsovie – 22.

Portables

Depuis juin 2017, les frais d'itinérance ont disparu au sein de l'Union européenne. Les appels, les SMS et l'accès à Internet sont décomptés comme si vous vous trouviez dans votre pays d'origine.

TOILETTES

Signalées par un cercle pour les femmes et un triangle pour les hommes. Elles peuvent être payantes dans certains restaurants et bars, même si vous avez consommé.

TRANSPORTS EN COMMUN

ZTM – Ul. Senatorska 37 - www.ztm.waw.pl. Varsovie est dotée d'un excellent réseau de transport urbain.
Tramways – 5h-23h. Recommandés pour se déplacer dans le centre-ville.
Bus – 5h-23h. Desservent le mieux la Voie Royale. Il existe un réseau de bus de nuit (nos N) qui convergent à la gare centrale.
Métro – 5h-0h, vend.-sam. 5h-2h30 - www.metro.waw.pl. Deux lignes de métro : M1 (nord-sud) et M2 (est-ouest).

Tarifs

Un seul système de **tickets**, commun à tous ces moyens de transport : ticket à l'unité *(bilet jednorazowy 4,40 PLN)*, valable 75mn ou 20mn *(bilet 20 minutowy, 3,40 PLN)*; ticket journalier *(bilet dobowy 15 PLN)*, valable 24h ou pour 3 jours *(bilet 3 dniowy, 57 PLN)*, valable 72h à compter du compostage, sur tous les moyens de transport; ticket week-end *(bilet weekendowy 24 PLN)*, valable du vend. 19h au lun. 8h, sur tous les moyens de transport. Il existe aussi des tickets permettant de prendre tous les moyens de transport sur une **durée limitée** de 20 à 90mn *(de 3,40 à 7 PLN)*. Les enfants de moins de 6 ans et les personnes de plus de 70 ans voyagent gratuitement. Tarifs réduits de 50 % pour tous les étudiants en possession de leur carte ISIC. Les tickets s'achètent aux distributeurs automatiques, dans les kiosques ou les bureaux de poste. Contrôles fréquents (amendes de 120 PLN payables immédiatement en espèces pour les non-résidents).
Plan des transports – Sur le plan de poche du réseau de transport, la description du trajet ainsi que les horaires sont indiqués aux arrêts.

TRANSPORTS RÉGIONAUX

En train

Gare centrale ferroviaire (Dworzec PKP Warszawa Centralna) – Al. Jerozolimskie 54 (accès par les passages souterrains de l'avenue) - ✆ 22 474 50 19. Trains réguliers à destination de toutes les villes de Pologne et des capitales des pays limitrophes. Le personnel aux guichets ne parlant généralement pas anglais, il est recommandé de s'adresser d'abord au point d'information dans le hall central ou de consulter au préalable l'excellent site Internet **www.rozklad.pkp.pl** (en anglais, mais les destinations doivent être mentionnées en polonais).

Anna Bryukhanova/iStock

Veturilo est le système de location de vélos en libre-service.

Types de trains – Le réseau ferroviaire national polonais **PKP** (Polskie Koleje Państwowe) compte plus de 25 000 km de voies ferrées.
Les trains express, **Intercity** et **Eurocity** assurent les trajets longue distance et relient directement les villes importantes. Leurs horaires sont indiqués en rouge et accolés d'un R. Les **trains dits rapides** sont plus lents, puisqu'ils marquent un plus grand nombre d'arrêts. Ils sont aussi indiqués en rouge.
Quant aux **trains classiques**, ce sont de véritables omnibus.
Dans tous les trains, on trouve une première classe et une seconde. Les « première classe », qui sont peu chères par rapport aux prix français, proposent des sièges très confortables en velours. Dans toutes les gares, on trouvera une consigne où laisser ses bagages. Comptez 8 PLN/j.

En bus

Gare routière de l'Ouest (Dworzec PKS Warszawa Zachodnia) – Al. Jerozolimskie 144. Elle accueille l'essentiel du trafic international, ainsi que les bus domestiques en provenance du Sud et de l'Ouest. Bus 127 et 158 à la sortie pour rejoindre le Centre.
Gare routière de l'Est (Dworzec PKS Warszawa Wschodnia) – Ul. Lubelska 1. Elle dessert le nord, l'est et le sud-est du pays.

VÉLO

C'est un moyen de transport de plus en plus populaire en ville. Les pistes cyclables sont nombreuses, mais la place réservée aux piétons n'est pas toujours claire... Soyez prudent si vous vous déplacez à pied !

Veturilo – ✆ 22 244 13 13 - www.veturilo.waw.pl. Varsovie dispose d'un service de location en libre-service. Il compte une centaine de stations et les vélos sont disponibles tlj, 24h/24, de mars à nov. Gratuit les 20 premières minutes et jusqu'à 7 PLN pour 4h. Il faut disposer d'une carte de paiement pour s'enregistrer sur l'une des bornes.

Wygodny Rower – Ul. Smolna 10 - ✆ 78 738 63 86 - www.wygodnyrower.pl - lun.-vend. 11h-20h, sam. 10h-17h - 8 PLN/h (10 PLN la 1re heure), 25 PLN/4h, 40 PLN/j. Autres succursales : ul. Kosiarzy 37, ul. Stawki 3 et 19.

VISITES GUIDÉES

Plusieurs **tours operateurs** proposent des visites guidées de la ville. Le circuit classique couvre la Vieille Ville, la Voie Royale, le palais de Wilanów et les principaux monuments. Les tarifs variant en fonction de la saison, de la langue, de la durée de la visite et du nombre de personnes, il est recommandé de se renseigner directement auprès de l'office de tourisme *(voir p. 92)*.

En bus

Lignes régulières

Bus n° 180 – *www.ztm.waw.pl* - 7h-23h. Cette ligne, qui dessert la majeure partie des sites touristiques de la capitale, permet d'avoir un panorama de Varsovie pour le prix d'un simple ticket. Arrêts « Plac Zamkowy » (place du Château) et tout le long de la Voie Royale jusqu'à Wilanów.

Busn° 444 – *www.ztm.waw.pl* - Le w.-end et les jours fériés seulement. Un beau parcours depuis la gare centrale jusqu'au zoo, côté Praga.

Lignes touristiques

Vous pouvez aussi emprunter l'un des bus à étage qui sillonnent la ville et permettent de descendre et de monter à sa guise tout au long du parcours (« hop and off ») :

City sightseeing – ✆ 57 707 37 70 - city-sightseeing.com - dép. de la gare centrale ttes les h. de 10h à 17h - 60 PLN/24h, 80 PLN/48h. Deux circuits audioguidés (en français) de 1h environ comptant respectivement cinq et dix arrêts.

Warsaw City-Tour – ✆ 50 003 34 14 - www.city-tour.com.pl - dép. de la rue Królewska (Galerie Zachęta) ttes les h. de 9h50 à 17h50 - 50 PLN/tour, 70 PLN/24h, 90 PLN/48h. Circuit audioguidé (en français) de 2h reliant une vingtaine de sites touristiques.

En bateau

Promenades sur la Vistule

Départ depuis le quai près du pont Poniatowskiego (au sud du Centre des Sciences Copernic) - www.ztm.waw.pl - mai-juin : w.-end et j. fériés ; juil.-août : vend.-dim. et j. fériés à partir de 11h - 18 PLN.

Agenda culturel

RENDEZ-VOUS ANNUELS

Mars

▶**Festival Ludwig Van Beethoven** – En mars - www.beethoven.org.pl.

Juin

▶**Festival international de musique sacrée** – 1re quinz. de juin. Des concerts dans la cathédrale St-Jean et dans l'église Ste-Croix.

▶**Orange Warsaw Festiwal** – En juin - http://orangewarsawfestival.pl. Festival de musique.

Juin-septembre

▶**Biennale internationale de l'affiche** – Musée de l'Affiche - ttes les années paires, de juin à sept. - www.postermuseum.pl.

Juillet

▶**Summer Jazz Days** – 4 jours en juillet - http://warsawsummerjazzdays.pl.

▶**Festival Mozart** – En juin-juillet - www.operakameralna.pl. Dans différents lieux de la ville dont le château royal.

Juillet-août

▶**International Open Air Festival Jazz** – www.jazznastarowce.pl - tous les sam. soirs en juillet-août. De magnifiques concerts en plein air dans la Vieille Ville.

Août

▶**Festival Chopin et son Europe (Festival Chopin i jego Europa)** – 2e quinz. d'août - www.nifc.pl.

Août-septembre

▶**Festival de culture juive « Varsovie de Singer » (Festival Kultury Żydowskiej « Warszawa Singera »)** – Fin août-début sept. - www.festiwalsingera.pl.

Septembre

▶**Automne de Varsovie (Warszawska Jesień)** – Philharmonie nationale - 2e quinz. de sept. - www.warszawska-jesien.art.pl. Grand festival international de musique contemporaine.

▶**La Folle Journée de Varsovie** – Opéra national- Fin sept.-début oct. - www.szalonednimuzyki.pl. Une cinquantaine de concerts à un prix modique sur trois jours bien remplis, selon un thème défini chaque année.

Octobre

▶**Concours international Chopin** – Philharmonie nationale - Tous les 5 ans (prochaine édition 2020). Depuis 1927, l'un des plus prestigieux concours de piano du circuit, dont les auditions sont ouvertes au public.

Novembre

▶**Festival de jazz Jamboree** – www.jazz-jamboree.pl. Le plus grand festival de jazz d'Europe centrale.

Décembre

▶**Marché de Noël** – À partir de fin nov. – Pl. Wilsona et à Barbacane.

RCS 433 677 721 00030
LISBONNE DANS LA POCHE
SE RESTAURER
FAIRE UNE PAUSE
SHOPPING
SORTIR
SÉVILLE
LISBONNE
BRUXELLES
PORTO

Pour en savoir plus

Le musée d'Histoire des Juifs polonais-POLIN, conçu par les architectes Mahlamäki et Lahdelma.
L. Vallecillos/age fototstock

Les grandes dates

1413 – Varsovie, capitale du duché de Mazovie.
1526 – Intégration du duché de Mazovie au royaume de Pologne.
1596 – Varsovie, capitale du royaume de Pologne en remplacement de Cracovie.
24 octobre 1795 – Partage (entre la Russie, la Prusse et l'Autriche) et disparition de la Pologne.
1807 – Création du Grand-duché de Varsovie par Napoléon.
1815 – Après le Congrès de Vienne, Varsovie est désignée capitale du « Royaume du Congrès », entre les mains du tsar de Russie, Alexandre Ier.
11 novembre 1918 – Indépendance de la Pologne.
15 août 1920 – « Miracle de la Vistule » : la Pologne repousse les troupes de la Russie bolchévique.
Septembre 1939 – Bombardement et siège de Varsovie par les Allemands. Invasion germano-soviétique.
1940 – Création du ghetto de Varsovie.
19 avril-20 mai 1943 – Soulèvement du ghetto de Varsovie.
1er août-2 octobre 1944 – Insurrection de Varsovie.
Janvier 1947 – Large victoire des communistes aux élections législatives, truquées.
1955 – Pacte de Varsovie, accord de coopération entre les pays communistes.
5 avril 1989 – Accords de la Table ronde entre communistes et Solidarność à Varsovie.
25 février 1991 – Dissolution des structures militaires du Pacte de Varsovie.
12 mars 1999 – Entrée de la Pologne dans l'OTAN.
2004 – Entrée de la Pologne dans l'Union européenne.
Juin 2012 – Varsovie est une des villes-hôtes de l'Euro 2012.
11-22 novembre 2013 – Conférence climat de Varsovie (COP 19).
8-9 juillet 2016 –Varsovie accueille le sommet de l'OTAN.
Novembre 2018 – Centenaire de l'Indépendance de la Pologne.

ewg3D/iStock

Statue du roi Jean III Sobieski.

Une capitale pour la Pologne

UNE BOURGADE DE PÊCHEURS DEVENUE CAPITALE

Varsovie est entrée relativement tard dans l'histoire : si des traces d'un premier peuplement sont recensées au 10e s., ce n'est qu'à la fin du 13e s. qu'est édifiée la nouvelle cité, sur la colline où se dresse à présent le château royal. Devenue la **capitale du duché de Mazovie** en 1413, la ville connaît alors un rapide **essor économique et culturel**. L'intégration du duché au royaume de Pologne en 1526, à la mort du dernier prince de Mazovie, va ensuite faire de Varsovie le siège tout désigné des instances politiques du nouveau royaume instauré par le traité de Lublin de 1569 unissant la Lituanie et la Pologne. La Diète (Assemblée) décide immédiatement d'y siéger et, en 1573, Varsovie accueille pour la première fois la cérémonie de couronnement du **roi Sigismond III** qui, après l'incendie de son château du Wawel, se résout finalement à centraliser le lieu du pouvoir de la Couronne en transférant officiellement la **capitale** de Cracovie à Varsovie en 1596.

LE SYMBOLE D'UNE HISTOIRE NATIONALE DOULOUREUSE

Son nouveau statut va placer la ville au cœur du long et douloureux chapitre de l'histoire polonaise. En effet, à partir de la moitié du 17e s. et jusqu'à la Seconde Guerre mondiale, la Pologne et Varsovie vont entrer dans une ère quasi permanente de **conflits** et de **guerres**. De 1655 à 1658, le pays est soumis au « Déluge » : les **Suédois** et les **Transylvains** envahissent à trois reprises le royaume et ravagent la capitale.

UNE NOUVELLE ÈRE D'URBANISME

Ruinée et dépouillée, Varsovie continue de lentement se détériorer, jusqu'à ce que les princes saxons, imposés par la Russie et l'Autriche, de 1697 à 1763, s'attellent à reconstruire, à étendre et à embellir la ville. En créant l'« **Axe de Saxe** », perpendiculaire à la **Voie Royale** et au centre duquel ils installent leur résidence, ils ouvrent une nouvelle ère d'urbanisme, caractérisée notamment par la construction de grandes perspectives. Stanislas Auguste **Poniatowski**, candidat de Catherine de Russie élu en 1764, monarque jeune et amateur d'art éclairé, achève de transformer Varsovie en un centre urbain moderne, tout en favorisant la construction d'édifices baroques puis classiques. La seconde moitié du 18e s. marque ainsi « **l'âge d'or** » de Varsovie, devenue le cœur incontestable de la vie politique, économique, commerciale et industrielle du pays, ainsi que le centre du rayonnement des **Lumières** polonaises.

APRÈS LE TROISIÈME PARTAGE

Mais dès 1795, à l'issue du troisième partage de la Pologne, Varsovie est annexée à la Prusse et **perd son statut à la fois de capitale politique et des arts**. En 1807, elle se trouve au cœur du **Grand-duché de Varsovie**, créé par **Napoléon** qui rend aux Polonais un gouvernement et une administration centrale. Cependant, en 1815, le congrès de Vienne la replace rapidement sous tutelle russe. Relativement libérale à ses débuts, celle-ci n'entrave pas le développement économique et intellectuel de Varsovie, qui célèbre en 1818 l'ouverture de sa **première université**. En 1831, l'échec de l'insurrection antirusse donne toutefois lieu à une sévère répression, suivie d'une grande vague d'émigration polonaise, notamment vers la France : Varsovie est reléguée au rang de simple ville de province, et ses lieux culturels et d'éducation sont fermés. Il faut attendre la Première Guerre mondiale pour que la domination russe s'affaiblisse… laissant brièvement place à celle des troupes d'occupation de l'armée allemande.

CAPITALE D'UN PAYS LIBRE

C'est seulement en 1918 que la Pologne retrouve son indépendance, et Varsovie son statut de **capitale** d'un pays libre qui a proclamé la IIe République. Redressement d'une économie ruinée, rétablissement d'une administration nationale indépendante, programmes de **reconstruction urbaine** et de réformes agraires et sociales, réouverture des lieux de culte et d'enseignement : la ville est au centre de l'attention et des attentes des Polonais. Mais les espoirs de renaissance et l'énergie déployée à rebâtir sont voilés par la crise des années 1930 et interrompus par les bouleversements de la Seconde Guerre mondiale *(voir p. 108)*.

LA RÉSURRECTION

Il fut un temps envisagé de laisser Varsovie en ruines, sorte de musée à ciel ouvert des horreurs de la Seconde Guerre mondiale, mais l'idée a été abandonnée et la ville, patiemment reconstruite, en grande partie grâce à l'énergie de sa population et à la mobilisation de tout le pays *(voir p. 112)*.
Depuis la chute du régime communiste, elle a recouvré pleinement son statut de capitale politique, économique et culturelle de la Pologne, et ses couleurs. Aujourd'hui, les tours modernes s'élèvent dans le Centre, sièges des grandes entreprises polonaises ou de multinationales, les cafés étalent leurs terrasses, les boutiques montrent de belles vitrines. Varsovie est redevenue une Ville en mouvement !

Dans le centre-ville, la tour Złota 44, par l'architecte Daniel Libeskind et le centre d'affaires.
Madzia71/iStock

INTERCONTINENTAL

L'épreuve de la Seconde Guerre mondiale

LA VILLE À L'HEURE ALLEMANDE

Le 1er septembre 1939, l'invasion de la Pologne par Hitler précipite l'Europe dans la Seconde Guerre mondiale. L'armée allemande progresse rapidement et à la fin du mois, Varsovie est occupée. Les Allemands instaurent un véritable régime de terreur : le personnel politique et nombre d'intellectuels sont déportés ou exécutés, les écoles et universités sont fermées et, dès novembre 1940, l'ensemble de la population juive de la ville est transféré dans un **ghetto**, soumis à un régime de répression et de famine *(voir p. 110)*.

UNE RÉSISTANCE HÉROÏQUE

Pendant toute la durée de la guerre, la collaboration d'officiers français et polonais permet notamment de déchiffrer les messages des troupes ennemies et de livrer aux Alliés la clé de leurs opérations. Les troupes polonaises prennent une part active dans les débarquements en Italie (Anders à Monte Cassino) et en Normandie. Le gouvernement polonais en exil à Londres depuis juin 1940 participe à la création d'un véritable **État clandestin** en Pologne, unique en Europe, avec une armée, des écoles, une presse et une justice. Lorsqu'au début de l'été 1944, les Allemands commencent à reculer face à l'avancée des troupes soviétiques, la résistance polonaise organise une **insurrection,** espérant accélérer la libération de Varsovie, alors que l'Armée rouge approche de la ville.

L'INSURRECTION DE VARSOVIE

L'insurrection, baptisée « action Tempête », est lancée le 1er août 1944 à 17h par Tadeusz Komorowski, commandant en chef de l'Armia Krajowa (l'**armée de l'Intérieur**, AK), organisation de résistants en lien avec le gouvernement en exil, majoritaire en Pologne, contrairement à l'Armia Ludowa (armée populaire d'obédience communiste). De nombreux Varsoviens de tous âges s'improvisent combattants, rejoignant les quelque 50 000 hommes de l'AK, malheureusement insuffisamment armés et préparés. Malgré les premiers succès, cette initiative de résistance héroïque, premier soulèvement en Europe occupée, est un désastre. Les résistants comptent sur le secours des alliés soviétiques, qui les ont encouragés à se soulever. Loin d'apporter leur soutien au mouvement, ces derniers, stationnés sur la rive droite de la Vistule à Praga, attendent la fin des combats pour faire leur entrée dans le champ de ruines qu'est devenue Varsovie. Hitler a en effet ordonné la destruction systématique de la capitale polonaise et le massacre de sa population, déjà à bout. Les combattants polonais se rendent le 2 octobre 1944. On estime que 18 000 soldats de l'AK et 150 000 à 200 000 civils ont trouvé la mort. La ville a été rasée à plus de 80 %.

Voir aussi le musée de l'Insurrection de Varsovie, p. 48.

UN CHAMP DE RUINES

L'Armée Rouge finit par prendre intégralement possession de la capitale en janvier 1945. Une grande partie de la résistance nationale a disparu dans les combats et ceux de ses membres qui ont survécu, considérés comme éléments anti-communistes, prennent le chemin de la Sibérie... Le Comité de libération nationale, formé à Lublin par les communistes, s'autoproclame gouvernement provisoire de la Pologne. Les gouvernements britannique et américain obtiennent des Soviétiques, en février 1945, à la **conférence de Yalta**, l'assurance que se tiennent des élections libres. Mais Staline, en position de force, dicte ses volontés.

À la fin de la guerre, 850 000 Varsoviens, soit les deux tiers de la population de la ville d'avant-guerre, sont déclarés morts ou portés disparus. En cendres, la capitale de la Pologne n'est plus rien d'autre qu'un nom sur la carte de l'Europe.

ewg3D/iStock

Le monument de l'Insurrection de Varsovie, réalisé par Wincenty Kućma et Jacek Budyna.

Le ghetto de Varsovie

LA COMMUNAUTÉ JUIVE AVANT LA GUERRE

À l'instar de Łódź, Białystok ou Cracovie, Varsovie compte pendant des siècles **l'une des plus importantes communautés juives d'Europe**, estimée en 1939 à environ 400 000 personnes, soit près d'un tiers de la population de la ville ; en mai 1945, on n'en dénombre plus que 300. Dans l'entre-deux-guerres, les Juifs habitent dans tous les quartiers de la capitale, même s'ils se concentrent plus particulièrement dans ceux de **Mirów**, Muranów et Nowolipki. C'est donc naturellement dans cette partie de Varsovie que les Allemands décident d'implanter, dès novembre 1940, le ghetto où ils enferment les juifs de la capitale et des environs, puis d'autres régions du pays.

UNE VILLE DANS LA VILLE

Le ghetto de Varsovie constitue le plus grand « quartier résidentiel juif » (selon l'appellation officielle) de toute l'Europe nazie : un mur en brique haut de 3 m et long de 18 km isole 30 % de la population de la ville sur seulement 2,4 % de sa superficie (400 ha).
Le **Jüdischer Ordnungsdienst** (service d'ordre juif) est chargé de maintenir l'ordre tandis que le **Judenrat** (le Conseil juif), est censé répondre aux besoins de la population. Coupés du reste de la cité, en surnombre, privés de nourriture et plongés dans la peur permanente, les habitants du ghetto vivent dans des **conditions épouvantables**, meurent de la faim et du typhus.

SOULÈVEMENT ET LIQUIDATION

La « Grande Action » du 22 juillet 1942, qui voit le transfert de 265 000 Juifs au camp de Treblinka, marque un tournant dans la politique d'extermination. La résistance au sein du ghetto commence alors à s'organiser sous le commandement de la ŻOB (Organisation juive de combat) et la ŻZW (Union militaire juive), aidées par la résistance polonaise.
Le **soulèvement du ghetto** éclate le 19 avril 1943 ; surprise, l'armée allemande mettra près d'un mois à en venir à bout. Seuls quelques milliers de Juifs parviennent à s'échapper, les autres sont fusillés sur place ou déportés.
L'extermination des Juifs reste, de manière générale, un sujet difficile en Pologne. Une petite communauté juive s'est cependant reformée, principalement à Varsovie, très soutenue par la diaspora. C'est à Varsovie que subsiste le dernier théâtre yiddish d'Europe *(voir p. 78)* et de nombreux festivals s'intéressent à la culture et l'histoire des juifs qui furent si importants dans le pays avant la guerre.
Voir « Sur les traces de la Varsovie juive », p. 42.

Musée de l'histoire juive. L. Vallecillos/age fotostock

Ulica była kłębowiskiem wszystkich pokoleń Izraela, a Tora mieszała się tam z targowiskiem M. Zonszajn Nalewki
treet was a tangle of all the generations of Israel, where the Torah mixed with the marketplace M. Zonszajn Nalewki
Wałowa

Architecture et urbanisme contemporains

Laissée à l'état de champ de ruines en 1945, Varsovie doit se reconstruire dans les années d'après guerre. Attachés à retrouver l'ancien visage de leur capitale, ses habitants qui reviennent au compte-goutte ont aussi besoin de logements et d'infrastructures. Dans le même temps, les nouveaux dirigeants du pays veulent faire de la ville une cité répondant au modèle stalinien imposé à tout le bloc de l'Est. Après la chute de l'empire soviétique, au début des années 1990, Varsovie s'est tournée vers l'avenir, entamant sa mutation.

VARSOVIE À LA RECONQUÊTE DE SON HÉRITAGE

Après la guerre, le Bureau de reconstruction de Varsovie élabore un projet pour reconstruire la ville à l'identique, en s'appuyant sur des archives, notamment des tableaux de **Canaletto le Jeune**. Le peintre vénitien, de son vrai nom Bernardo Bellotto, a vécu pendant de nombreuses années jusqu'à sa mort en 1780 à la cour du dernier roi de Pologne, et a peint plusieurs toiles très minutieuses de la ville. Varsovie telle qu'elle était à la fin du 18e s. ressurgit de ses cendres dans les années 1960, grâce au travail acharné des habitants qui déblayent les décombres, sauvent ce qui peut l'être et participent à la reconstruction, et aux dons venus de tout le pays. Églises, palais, remparts et places reviennent à la vie. Le régime communiste attend les années 1970 pour autoriser la reconstruction du château royal, qui rouvre au public en 1984. Tous ces efforts sont salués par l'Unesco qui inscrit la Vieille Ville au **Patrimoine mondial** en 1980.

L'EMPRISE SOVIÉTIQUE

Inauguré en 1949, le quartier de **Mariensztat** *(voir p. 33)*, l'un des premiers rebâtis, privilégie une vision humaine de l'urbanisme qui ne sera pas appelée à perdurer. Les quartiers voisins de Powiśle ou Solec, par exemple, alignent bâtiments ternes et sans relief, caractéristiques des années 1950 et 1960, mais ont le mérite d'être arborés, comme beaucoup d'autres. Conformément à la doctrine du **réalisme socialiste**, des bâtiments à l'esthétique stalinienne poussent dans un nouveau centre incarnant la « modernité » du communiste, qui va regrouper les administrations, les services publics et autres institutions culturelles. Le **palais de la Culture et des Sciences** (voir p. 34), alors plus haut bâtiment de la ville, et le quartier d'habitation Marszałkowska, le **MDM** *(voir p. 40)* – tous deux entourés de statues monumentales ou gravés de bas-reliefs représentant des « héros de la révolution communiste » exaltant les valeurs du travail –, sont les meilleurs exemples de ce courant architectural.

UNE VILLE EN MOUVEMENT

À partir du début des années 1990, libérée du joug communiste, Varsovie commence sa **métamorphose**. Certains témoignages de l'ère stalinienne sont rasés même si le principal d'entre eux, le Palais de la Culture et des Sciences, devenu un des symboles de la ville, est préservé. Cependant, tout autour poussent des tours abritant sièges d'entreprises, banques, symbolisant le retour du pays à l'économie de marché. Ce bouillonnement se poursuit au début du 21e s. Parmi les édifices récents illustrant le nouveau visage de Varsovie, citons le **centre des Sciences Copernic**, la **bibliothèque universitaire** et son jardin sur le toit, l'étonnante **tour Złota 44**, luxueux gratte-ciel résidentiel conçu par l'architecte américain d'origine polonaise Daniel Libeskind, ou encore le musée d'Histoire des juifs polonais - POLIN, dessiné par le Finlandais Rainer Mahlamäki. Certains quartiers ont toutefois conservé une grande partie de leur patrimoine d'avant-guerre ; c'est le cas - pour combien de temps encore - de **Praga** *(voir p. 58)*, sur la rive droite de la Vistule, dont les immeubles du 19e s. sont en plus ou moins bon état, ou de **Żoliborz** *(voir p. 57)*, au nord de la Vieille Ville.

DEA/G NIMATALLAH/De Agostini Editore/age fotostock

La rue Miodowa, à Varsovie, 1777. Les tableaux de Canaletto ont permis de reconstruire la Vieille Ville à l'identique.

La gastronomie

SPÉCIALITÉS POLONAISES

Les soupes

La Pologne compte autant de soupes que la France de fromages : aux champignons, à l'oseille ou à l'oignon avec des raviolis ou des boulettes de viande...

Le **barszcz**, soupe aigre à la betterave, est un plat typique de Noël.

Le **żurek**, ou bortsch blanc, est une soupe au jus fermenté de farine de seigle servie avec de la saucisse.

Le **chłodnik** est une soupe froide de betteraves à la crème aigre, aux légumes crus, saupoudrée de ciboulette et d'aneth. Un régal l'été.

Le **flaki** est un mélange de jarret et de tripes de bœuf relevé de paprika, de gingembre et de muscade.

Les viandes

Grillé, pané, garni d'oignons ou de pruneaux, le **porc** *(wieprzowina)* est roi. Les volailles sont aussi très prisées - **poulet** *(kurczak)* à la polonaise, farci de chapelure, d'œuf et de persil, canard (utka) aux pommes ou aux cerises...

Le bœuf *(wołowina)* est moins fréquemment inscrit au menu.

Les incontournables

Les **pierogi** sont de petits raviolis en forme de demi-lune. Parmi les plus courants, ceux appelés « à la russe » *(pierogi ruskie)* sont garnis de fromage blanc, d'oignons et de pommes de terre, d'autres de champignons, de viande ou de choux. Mais les pierogi peuvent aussi être farcis de fruits rouges.

Les **concombres marinés** *(ogórki kiszone)* se mangent à tous les stades du repas. Cueillis avant leur maturité, ils ressemblent à des cornichons.

Si le **chou** *(kapusta)* se consomme cru ou cuit, il est aussi la base d'un plat qui fait l'unanimité parmi les gastronomes polonais, le **bigos**. Cette sorte de choucroute est un mélange de plusieurs types de choux, de champignons des bois et de pruneaux, de viandes de porc, mouton ou veau, le tout relevé d'épices et de madère.

Rois des forêts tout comme les fruits rouges, les champignons (*grzyby*) sont omniprésents - et souvent marinés.

Les poissons

Les poissons d'eau douce comme le **brochet** (*szczupak*) et le **sandre** (*sandacz*) sont courants, tout comme la **carpe** (*karp*), que les juifs préparaient farcie, plat traditionnel lors du réveillon de Noël. Le **hareng** (*śledź*), disposé en petits rouleaux fourrés de concombre et d'œufs durs ou marinés dans l'huile et l'oignon, est un plat populaire bon marché !

LES SUCRERIES

Les Polonais ont un faible pour les crèmes glacées (lody), les

IriGri8/iStock

Les pierogi sont de petits raviolis polonais.

pâtisseries et les confiseries. Dans les boulangeries, on trouve du **pain d'épices** *(piernik)* et toutes sortes de biscuits et gâteaux à bases de fruits secs *(plasek)*. Le **gâteau au pavot** *(makowiec)* est typique de Noël. Dans les salons de thé, une place d'honneur est réservée au **gâteau au fromage blanc** *(cernik)* et au **gâteau aux pommes** *(szarlotka)*. Les chocolatiers polonais sont renommés pour la qualité de leurs productions, notamment la marque E. Wedel, fondée en 1851 *(voir p. 72)*. Goûtez aux pruneaux enrobés de chocolat *(śliwka z czekoladą)* et au *ptasie mleczko*, bâtonnet de guimauve enrobée de chocolat.

BOISSONS

N'hésitez pas à goûter aux innombrables bières produites dans le pays. La Żywiec ou la Okocim sont parmi les plus populaires. Les connaisseurs auront le loisir de tester les Tyskie, Leżajsk, Tatra ou Żubr. Emblématique boisson polonaise, la **vodka** (wódka) titre plus ou moins 40°. La variété des vodkas en vente dans les magasins spécialisés est étonnante. Les distillateurs rivalisent d'inventivité pour multiplier les saveurs : épices, poivre, miel ou fruits. La plus célèbre est la Żubrówka, parfumée avec le Hierochloe odorata, autrement appelé « l'herbe aux bisons », qui pousse notamment dans la forêt de Białowieża.

Les traditions et les fêtes

Artisanat, festivals de musiques traditionnelles, danses folkloriques et célébrations religieuses participent à l'image colorée et festive que la Pologne souhaite offrir au monde. Toute personne visitant Varsovie ne pourra qu'être étonnée par la diversité et la persistance des traditions. L'attachement aux racines est d'autant plus fort que le 20e s. n'a eu de cesse de les broyer. Le marxisme n'a jamais vu d'un bon œil tout ce qui pouvait faire intervenir la spiritualité et rappeler le souvenir d'une Pologne d'avant l'ère communiste. Pourtant, dès la fin de ce régime, du fond des étables et des greniers ont ressurgi les souvenirs et les rituels d'antan. La diaspora polonaise participe à ce maintien de l'identité culturelle en initiant et en finançant des associations de toutes sortes.

LES FÊTES RELIGIEUSES

La foi des catholiques polonais, bien qu'ébranlée par le régime communiste de l'après-guerre, marque toujours la vie du pays.

Noël et les fêtes de fin d'année

Comme dans bien des pays, **Noël** rassemble les familles au-delà des convictions religieuses et demeure la grande fête de l'année, célébrée pendant trois jours par tous les Polonais. La veillée (*Wigilia*) commence quand la première étoile apparaît dans le ciel. La famille partage le pain azyme et échange des vœux avant de commencer le repas qui se compose de douze plats (sans viande mais avec la célèbre carpe). Puis les enfants découvrent, au son des cantiques, les cadeaux apportés par l'étoile. La messe de minuit réunit les habitants du quartier autour de la **crèche**.

Pour toute la période de l'Avent et les fêtes de Noël, la Vieille Ville de **Varsovie** est merveilleusement illuminée et un grand sapin trône au milieu de la place du Château royal. Un marché de Noël se tient sur la **place du Marché de la Vieille Ville** jusqu'aux premiers jours de l'année. De nombreux stands proposent des produits artisanaux et des spécialités régionales, et des animations folkloriques sont souvent organisées. Les crèches de la capitale, en bois sculpté comme le veut la tradition polonaise ou d'autres vivantes, reçoivent la visite des Varsoviens qui font le tour des églises pour admirer les plus belles d'entre elles. La crèche mécanique de la rue Miodowa, à l'intérieur de l'église des frères capucins, est la plus connue et l'une des plus appréciées des enfants.

Si les célébrations de la **nouvelle année** et **le carnaval,** autrefois l'occasion de parades où se côtoyaient marionnettes et masques, ont presque disparu, le **défilé des Rois mages**, le 6 janvier, interdit pendant la période communiste, connaît un regain de popularité et parcourt le centre de la capitale jusqu'à la place Pilsudski.

Pâques à la polonaise

Pâques est la deuxième grande célébration. Pendant la période pascale, Varsovie est en fête. Le dimanche des Rameaux, les foyers sont décorés de branches de saule couvertes de chatons blancs, tandis que la plupart des Polonais peignent des motifs décoratifs sur les œufs. Le Vendredi saint, l'impressionnante procession du Chemin de Croix traverse la Vieille Ville, rassemblant depuis l'église Sainte-Anne des milliers de personnes qui s'agenouillent à chaque station de la Passion du Christ.
Le Samedi saint, les œufs décorés sont apportés par les familles pour la bénédiction dans les églises de la capitale avec d'autres aliments (dont un petit agneau en gâteau ou en sucre) qui seront consommés le lendemain après la messe.
Le lundi de Pâques est marqué par des aspersions d'eau dans les rues pour porter bonheur. Les plus jeunes arrosent les passants dans la bonne humeur. À cette période, les boutiques de Varsovie ne manquent pas « d'armes » pour ceux qui veulent participer à cet arrosage festif.

DANSES, COSTUMES ET FESTIVALS

Les troupes de danses folkloriques polonaises font aujourd'hui le tour du monde. Si le succès les porte sur les scènes internationales, c'est que le vivier du folklore polonais est immense.

Madzia71/iStock

Noël à Varsovie, sur la place du Château.

La **mazurka**, danse à trois temps, pour laquelle Chopin composa une cinquantaine de pièces pour piano, est l'une des danses les plus populaires en Pologne et l'une des plus connues à travers le monde. La mazurka a essaimé ses airs en Russie, aux États-Unis, en Suède ou en France et a été une source d'inspiration pour des compositeurs aussi divers que Ravel, Debussy ou Tchaïkovski. Quelques autres danses, dans leur version classique ou folklorique, appartiennent au patrimoine culturel du pays. Parmi elles, la **polonaise**, la Kujawiak ou la Krakowiak. Toutes font les beaux jours des festivals d'été et des banquets de famille dans les auberges traditionnelles.

Chopin, un compositeur romantique

UN VIRTUOSE DU PIANO

Né en 1810 à **Żelazowa Wola**, à l'ouest de Varsovie, d'une mère polonaise et d'un père français établi en Pologne, Frédéric Chopin compose de la musique avant même de savoir lire. Cet enfant prodige joue en public du piano, dès l'âge de 8 ans et connaît ses premiers succès dans les cercles aristocratiques. À 20 ans, il décide de quitter Varsovie et ne retournera jamais dans son pays. Après un passage par **Vienne**, il s'installe à **Paris** en 1831. Il s'y lie d'amitié avec des musiciens comme Frantz Liszt ou Hector Berlioz. C'est à Nohant, dans la propriété de son amante et muse l'écrivain **George Sand**, qu'il compose la plupart de ses œuvres.

Bien que Chopin compte parmi les pères du **romantisme**, sa musique possède un caractère très personnel, marqué par des sons caractéristiques du folklore polonais. Hormis quelques compositions pour orchestre et pour musique de chambre, son œuvre est essentiellement destinée au piano seul. Pour cet instrument, il a composé avec une grande variété d'écriture (préludes, nocturnes, valses, polonaises, mazurkas).

Victime de la tuberculose, Il s'éteint à Paris à l'âge de 39 ans en 1849. Ultime symbole pour ce compositeur à l'âme exaltée et tourmentée, le corps de celui que George Sand appelait « ce cher cadavre » gît au cimetière du Père-Lachaise, tandis que son cœur repose dans son pays natal. Il est encastré dans un pilier de la nef de l'**église Sainte-Croix de Varsovie**.

LA « NOTE BLEUE »

C'est George Sand qui la première a utilisé cette expression au sujet de Chopin. « Nos yeux se remplissent peu à peu des teintes douces qui correspondent aux suaves ondulations saisies par le sens auditif. Et puis la note bleue résonne et nous voilà dans l'azur de la nuit transparente » note-t-elle dans *Impressions et souvenirs*. Après elle, certains musicologues ont évoqué à ce sujet le moment privilégié de l'inspiration, d'autres la couleur du lieu et du moment que cherchait à associer à ses récitals le compositeur, d'autres encore le temps volé, suspendu, qui caractérise souvent ses compositions dans lesquelles certaines notes sont accélérées, d'autres ralenties. Quoi qu'il en soit, un trait caractéristique et unique de sa musique.

CHOPIN À VARSOVIE

Vénéré - le terme n'est pas trop fort - dans son pays natal, Chopin est l'un

D. Kopestynski/YAY Micro/age fotostock

La statue de Chopin dans le parc Łazienki.

des compositeurs les plus joués. Il a donné son nom à un prestigieux concours international de piano qui se déroule à Varsovie tous les cinq ans *(voir p. 100)*. C'est aussi dans la capitale que la Société Frédéric Chopin et la Bibliothèque nationale conservent l'essentiel de ses œuvres. On retrouve le compositeur dans les lieux qui ont été marquants pour lui ou qui évoquent encore aujourd'hui sa présence :

- **Żelazowa Wola**, sa maison natale *(p. 61)* ;
- le **musée Chopin** *(p. 28)* ;
- l'**église de la Sainte-Croix** *(p. 28)* ;
- l'**église des soeurs de la Visitation** *(p. 26)* ;
- le **palais Czapski** *(p. 28)* ;
- le **palais présidentiel** *(p. 26)*, où, âgé de 8 ans, il joua pour la première fois en public, le 24 février 1818 ;
- le **palais de Saxe** *(p. 38)*, autrefois siège du lycée de Varsovie où enseignait le père du compositeur, qui y résidait avec sa famille ;
- le **jardin de Saxe** voisin *(p. 39)*, où il jouait enfant ;
- le **palais Casimir** *(p. 26)*, où fut transféré le lycée fréquenté par le futur compositeur ;
- le **monument du parc Łazienki** *(p. 50)* ;
- le **salon Chopin** *(p. 77)*, où chaque jour on peut écouter sa musique.

Varsovie et le septième art

L'histoire du cinéma polonais est fortement liée à Varsovie. Nombre de grands cinéastes nationaux y sont nés ou y ont vécu, certains ont même retranscrit sur grand écran les moments importants et les épisodes douloureux qu'ont connu la ville et ses habitants.

LES PIONNIERS

C'est en 1908 qu'un cinéaste français de la firme Pathé Frères, Joseph-Louis Mundviller, réalise – sous le pseudo de Jerzy Meyer – le premier film de fiction polonais : *Antoine, pour la première fois à Varsovie*. Devenu rapidement populaire, le cinéma connaît un développement croissant jusqu'à l'indépendance du pays en 1918, avec une production d'environ 30 films par an, d'où émergent notamment ceux du Varsovien **Aleksander Hertz** (1879-1928) qui donnera son impulsion au cinéma national.

LE TRAUMATISME DE LA GUERRE

Après le second conflit mondial, plusieurs films participent au renouveau d'un cinéma désormais étatisé. En 1947, *Chansons interdites* de **Leonard Buczkowski,** qui évoque la vie d'un immeuble de la capitale pendant l'occupation, puis, en 1948, *La Vérité n'a pas de frontières* d'**Aleksander Ford**, récit croisé de la vie d'enfants à Varsovie du début de la guerre au soulèvement du ghetto, témoignent de cette période troublée juste avant la généralisation d'un cinéma clairement propagandiste à partir de 1949.
Au milieu des années 1950, la tendance réaliste socialiste est remise en cause par une nouvelle génération de cinéastes. Prix spécial du jury au festival de Cannes en 1957, un film comme *Kanał (Ils aimaient la vie)* d'**Andrzej Wajda** (1926-2016), qui traite du soulèvement d'août 1944, révèle l'existence d'une« nouvelle vague polonaise ». Récompensé par un oscar pour l'ensemble de son œuvre en 2000, le cinéaste, auteur d'une filmographie de plus de 50 longs-métrages et considéré comme le père du cinéma polonais, a souvent traité de l'histoire de son pays et de sa capitale avec des films comme *Korczak* (1990), récit de la vie du médecin qui suivit les orphelins du ghetto à Treblinka (voir p. 47), ou *L'Anneau de crin* (1993), traitant de l'insurrection de la ville et des débuts

Festival international du film
Depuis 1985, Varsovie accueille chaque année en octobre un festival international du film. Modeste à ses débuts, il a pris de l'envergure au fil du temps, avec une compétition et un marché du film pour soutenir les longs-métrages des pays de l'Est en recherche de financement.

K. Zelazowski/age fotostock

Sculpture de Krzysztof Bednarski sur la tombe du cinéaste Krzysztof Kieślowski à Varsovie.

de l'influence soviétique en Pologne. En 2002, **Roman Polański** a reçu la Palme d'or à Cannes pour *Le Pianiste*, d'après l'histoire vraie de Władysław Szpilman qui, après la disparition de sa famille, survécut à la déportation dans une Varsovie dévastée par la guerre - le tournage s'est en partie déroulé dans le quartier de Praga. Les cinéastes étrangers ont également traité de cette période dans des films tournés en studio. Ils sont rares à en avoir tiré une comédie, à l'image de *To be or not to be* (1942), d'Ernst Lubitsch. *La Nuit des généraux* (1962), d'Anatole Litvak, évoque une enquête policière qui commence à Varsovie en 1942 ; *La Femme du gardien de zoo* (2017), de Niki Caro, raconte l'attitude héroïque des gardiens du zoo pendant l'occupation (voir p. 58).

LE REFLET DE LA SOCIÉTÉ

Le cinéma polonais contemporain s'exporte assez peu et l'on connaît mal à l'étranger le visage de la ville d'aujourd'hui dans l'œil des cinéastes. En 1988-1989, **Krzysztof Kieślowski** (1941-1996) s'est illustré avec le cycle du *Décalogue*, remarquable série de dix films pour la télévision, qui illustre les dix commandements dans la Varsovie de l'époque. En 1994, il a montré une ville gagnée par la fièvre du capitalisme avec *Blanc*, l'histoire d'un émigré rentré dans un pays en pleine transformation, où il fera fortune.

Collection sous la direction de Philippe Orain

Responsable d'édition et rédactrice en chef du guide : Florence Dyan

Secrétaire d'édition	Hélène Storelli
Rédaction	Angélique Adagio, Malgorzata Boutry, Sandrine Favre, Laurent Gontier, Arnaud Léonard, Natacha Sardou, Catherine Zerdoun
Remerciements	Elzbieta Janik (Office National Polonais de Tourisme)
Ont contribué à ce guide	Iulia-Elena Costache, Theodor Cepraga, Thierry Lemasson (**Cartographie**), Véronique Aissani, Carole Diascorn (**Couverture**), Maria Gaspar, Marie Simonet, Sophie Roques (**Iconographie**), Bénédicte Lathes, Isabelle Foucault, Marion Desvignes-Canonne (**Données objectives**), Bogdan Gheorghiu, Cristian Catona, Karina Gruia, Hervé Dubois, Pascal Grougon (**Prépresse**), Dominique Auclair (**Pilotage**)
	Plan détachable : © MICHELIN et © 2006-2017 TomTom. All rights reserved.
Conception graphique	Laurent Muller (couverture et maquette intérieure)
Régie publicitaire et partenariats	business-solutions@tp.michelin.com *Le contenu des pages de publicité insérées dans ce guide n'engage que la responsabilité des annonceurs.*
Contacts	Michelin Guides Touristiques 27 cours de l'Ile Seguin, 92100 Boulogne Billancourt Service consommateurs : tourisme@tp.michelin.com

Parution 2019

Crédits photographiques p. 4-5
(de gauche à droite et de haut en bas)

espiegle/iStock
piccaya/iStock
Arpad Benedek/iStock
L. Vallecillos/age fotostock/Mahlamäki et Lahdelma
EWELINA LACH/Muzeum Warszawy
M. Borgese/hemis.fr
Sohadiszno/iStock
L. Vallecillos/age fotostock

Michelin Travel Partner
Société par actions simplifiée au capital de 15 044 940 EUR
27 Cours de l'Ile Seguin - 92100 Boulogne Billancourt (France)
R.C.S. Nanterre 433 677 721

Dépôt légal : 09-21018 – ISSN 0293-9436
Compograveur : Michelin Travel Partner, Voluntari (Roumanie)
Imprimeur : GEERS, Belgique
Imprimé en Belgique : 08-2018

Usine certifiée 14001
Sur du papier issu de forêts gérées durablement (100 % PEFC)